ESPACIO JOVEN 360

Libro del alumno

Equipo ESPACIO

Nivel

© Equipo ESPACIO:
María Carmen Cabeza Sánchez, Francisca Fernández Vargas, Luisa Galán Martínez, Amelia Guerrero Aragón, Emilio José Marín Mora, Liliana Pereyra Brizuela y Francisco Fidel Riva Fernández
Coordinación: David Isa de los Santos y Nazaret Puente Girón

1.ª edición: 2018
1.ª reimpresión: 2019
2.ª reimpresión: 2020
3.ª reimpresión: 2021
4.ª reimpresión: 2022
5.ª reimpresión: 2023
6.ª reimpresión: 2024

Depósito legal: M-10952-2018
ISBN - Libro del alumno: 978-84-9848-942-2

Impreso en España
Printed in Spain
0224

Coordinación editorial:
David Isa

Diseño, maquetación e ilustraciones:
Analia García y Carlos Casado

Actividades interactivas:
Antonio Arias y Eva Gallego

Impresión:
Gráficas Glodami. Madrid

Editorial Edinumen
José Celestino Mutis, 4. 28028 Madrid. España
Teléfono: (34) 91 308 51 42
e-mail: edinumen@edinumen.es
www.edinumen.es

Fotografías:

Archivo Edinumen, *www.shutterstock.com*
p. 26 (*San Fermines*, Migel), p. 26 (*Valencia*, Gabor Kovacs Photography), p. 26 (*Casa Milà*, Maks Ershov), p.26 (*Las Ramblas*, Mark.Pelf), p. 33 (*Alhambra*, Alfonso de Tomas), p. 35 (*Equipo Argentina*, CP DC Press), p. 39 (*Picasso*, Bangkokhappiness), p. 42 (*Desfile*, Andrey Gontarev), p. 42 (*Orquesta*, Gary Yim), p. 43 (*Boca Juniors*, Natursports), p. 50 (*Penélope Cruz*, Featureflash Photo Agency), p. 61 (*Perú*, Meunierd), p. 76 (*Tango*, milosk50), p. 76 (*Juanes*, Featureflash Photo Agency), p.77 (*Habana*, Kamira), p. 89 (*Voto*, Natursports), p. 105 (*Balomnano*, Dziurek).

Espacio Joven 360º es un curso comunicativo de lengua y cultura españolas que integra contenidos multimedia para facilitar una nueva experiencia de aprendizaje a jóvenes adolescentes, adaptándose a la forma en la que ellos interactúan en su día a día.

Dividido en cinco niveles y siguiendo las directrices del *Marco común europeo de referencia* (MCER) y del *Plan curricular del Instituto Cervantes*, **Espacio Joven 360º** conduce a la adquisición de una competencia comunicativa del nivel B1.2 y prepara para los nuevos exámenes DELE.

COMPONENTES DISPONIBLES

Para el estudiante

Libro del alumno

Cuaderno de ejercicios

eBook libro del alumno

Cuaderno de ejercicios *online*

Para el profesor

Libro del profesor

eBook libro del profesor

Todo el material digital puede ser utilizado en ordenadores (PC, Mac), iPads y *tablets* de Android, con o sin conexión a internet.

EXTENSIÓN DIGITAL ALUMNO

Espacio Joven 360º cuenta con una gran cantidad de recursos multimedia que han sido diseñados para enriquecer el proceso de enseñanza y aprendizaje, y que se ofrecen integrados en la secuencia didáctica del libro del estudiante.

ELEteca

A lo largo de las unidades se hace referencia a una serie de **instrumentos digitales** a disposición del estudiante que permiten la **profundización** y la **revisión** de los contenidos, **dinamizando** el curso.

Actividades interactivas

+ Prácticas

Cada uno de los contenidos que aparecen en la unidad se complementan con nuevas actividades *online* para practicar y repasar de una manera divertida.

Serie

Sesión de cine

Serie sobre un grupo de jóvenes hispanos que protagonizan situaciones de la vida cotidiana.

360

Actividades colaborativas

Actividades variadas concebidas para ser desarrolladas como tareas de trabajo cooperativo a través de wikis y foros.

VIDEOGRAMAS

Vídeos didácticos

Vídeo situacional y explicación gráfica de los aspectos gramaticales de la unidad.

Gamificación

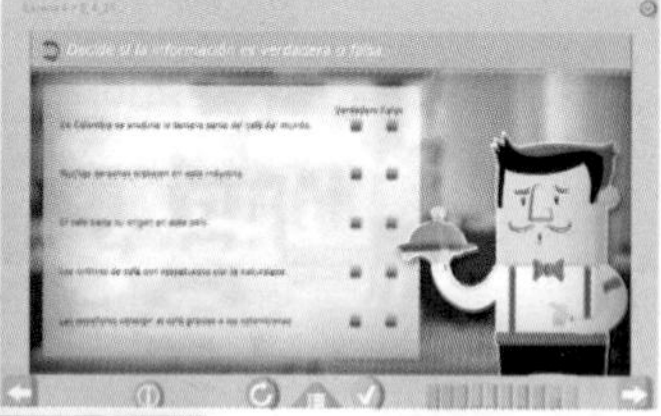

Spanish Blogger es un juego de carácter narrativo que permite a los estudiantes seguir aprendiendo español en un contexto lúdico, al finalizar la unidad. Vivirán la experiencia de trabajar en un periódico y de crear su propio blog sobre la cultura hispana.

LIBRO DEL ALUMNO

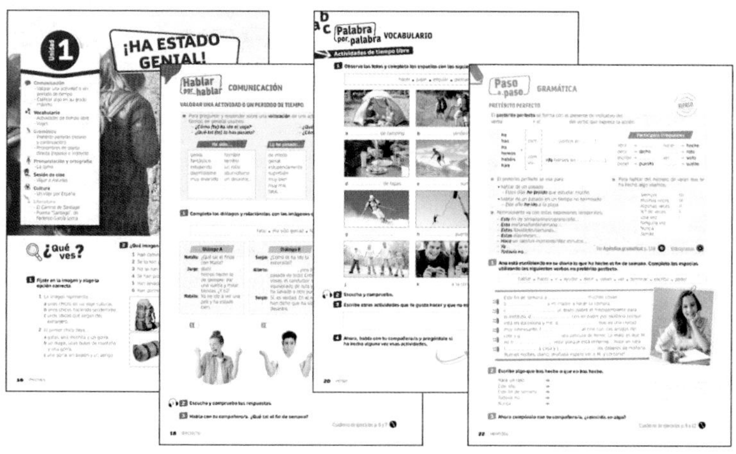

Cada libro de **Espacio Joven 360º** está organizado en torno a seis unidades.

En el primer volumen, la **unidad 0** introduce al estudiante en el mundo de la lengua y de la cultura española, y ofrece también los instrumentos indispensables para la interacción en clase. En los otros volúmenes, actúa como un repaso de los contenidos del nivel anterior.

Como indica el título, esta sección se centra en una **conversación** que introduce el **tema de la unidad**, el **vocabulario previo** y las **estructuras gramaticales**. Con ello los estudiantes comienzan a interpretar el significado y a usar la lengua en un contexto auténtico, sin necesidad de entender todas las palabras.

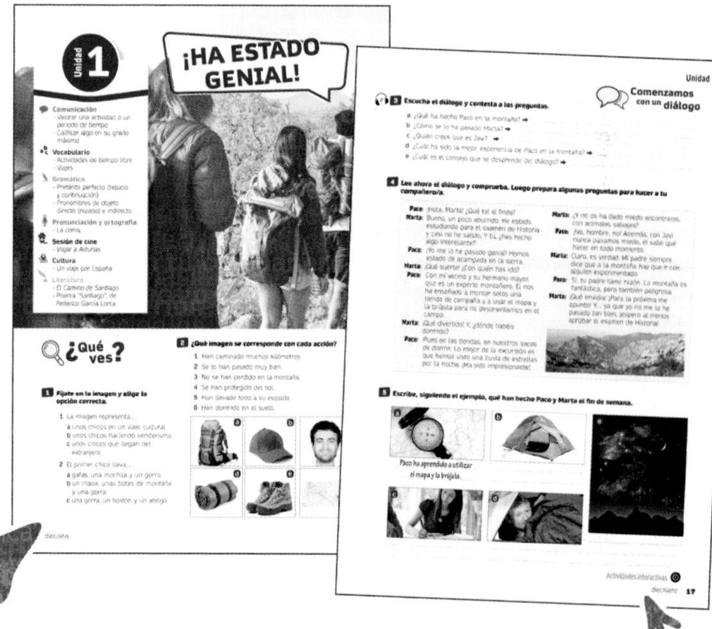

Referencia a las actividades interactivas.

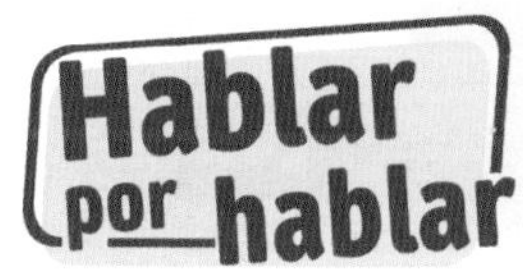

Presentación de los **objetivos comunicativos** a través de sencillos cuadros funcionales, seguidos de actividades de producción y comprensión oral.

Las estructuras y las funciones se presentan como elementos de la conversación.

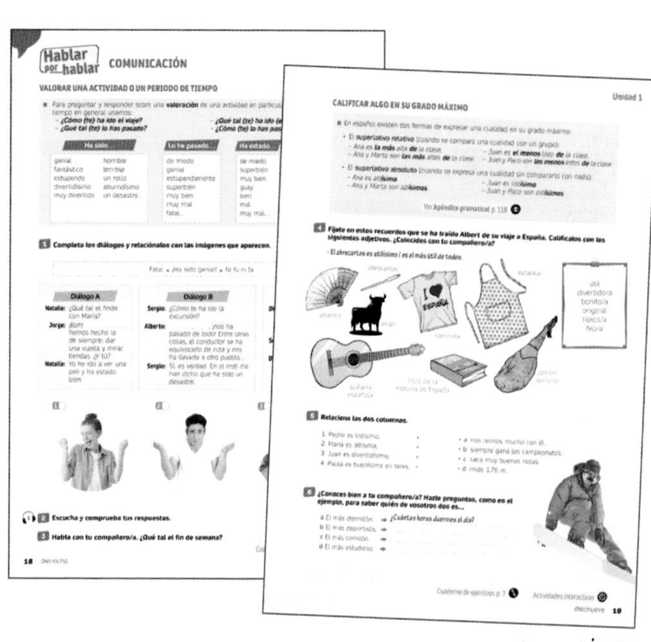

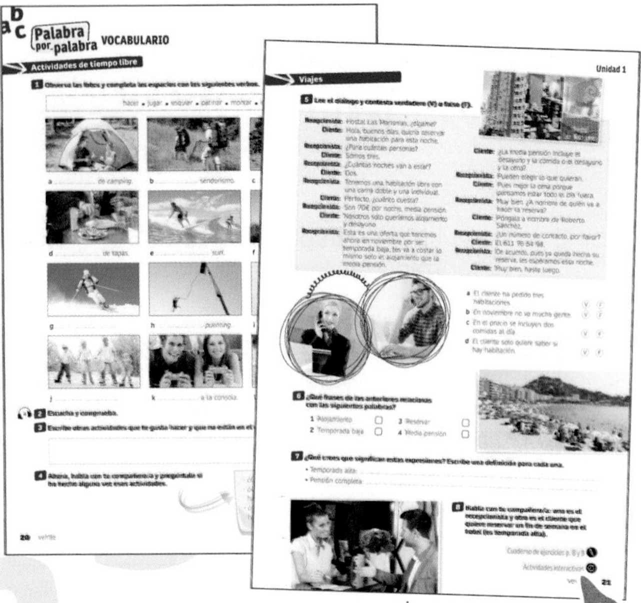

Referencias al *Cuaderno de ejercicios.*

Palabra por palabra

Resumen y análisis de los **elementos léxicos** introducidos en el diálogo a través de la presentación de **cuadros léxicos** y de actividades lúdicas y motivadoras. Trabajar las actividades con su compañero/a o en pequeños grupos anima a los estudiantes a aprender colaborativamente.

Referencias a *Videogramas.*

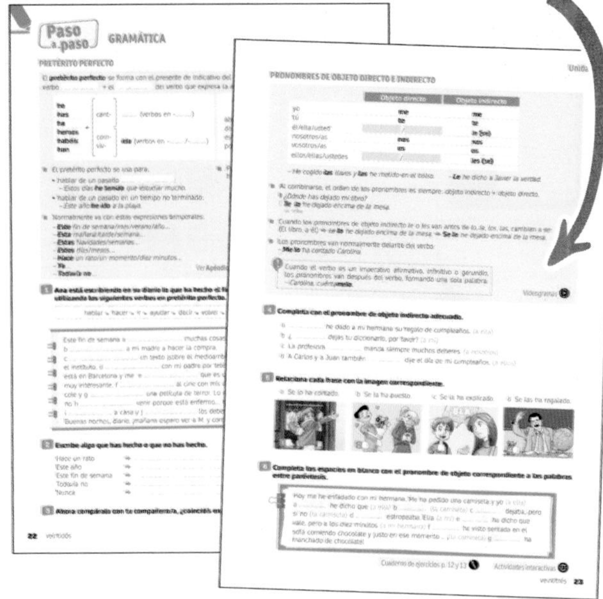

Paso a paso

Sistematización de los **aspectos gramaticales** gracias a cuadros con explicaciones claras y completas, y a una serie de actividades de reflexión.

El apéndice gramatical al final del libro del alumno ofrece numerosas **profundizaciones** de estos aspectos gramaticales.

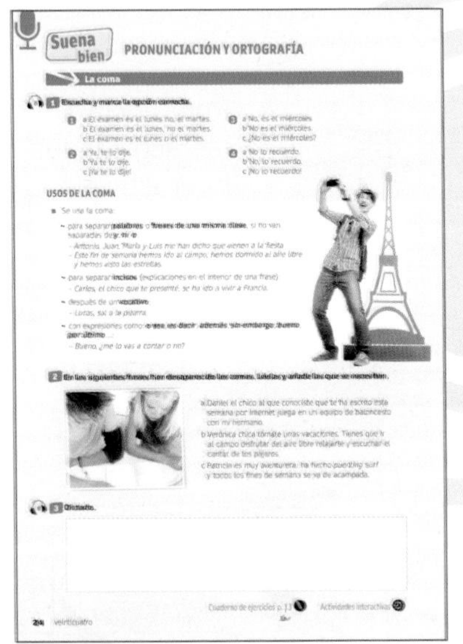

Suena bien

Sección dedicada a los **aspectos ortográficos y fonéticos** de la lengua española.

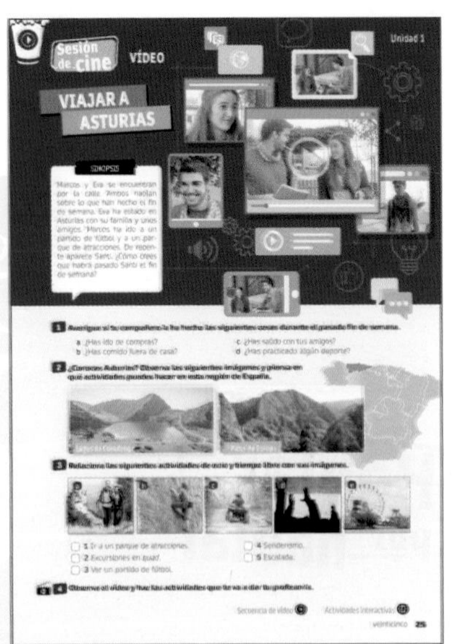

Sesión de cine

Esta sesión presenta **vídeos** sobre la vida de un grupo de adolescentes, relacionados con el tema de la unidad. Van acompañadas de actividades para predecir e interpretar la historia.

La unidad concluye con tres secciones que agrupan todos los elementos lingüísticos presentados en las páginas anteriores, permitiendo al estudiante la **utilización global y personal de las competencias adquiridas.**

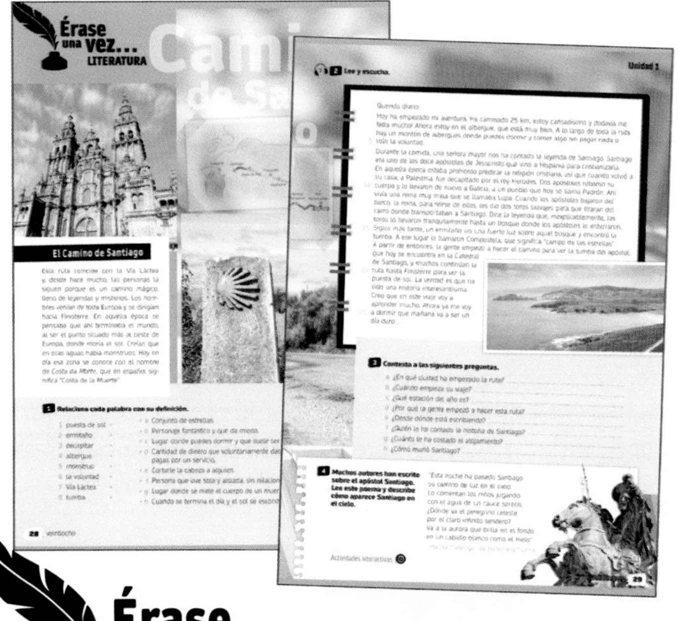

Mundo hispano

Desarrollo y profundización de uno o más **aspectos culturales** presentados en la unidad.

Esta sección cultural va más allá de una simple instantánea cultural e invita a los estudiantes a profundizar más en las perspectivas hispanas con información y actividades diseñadas para alentarles a ampliar el contenido cultural del texto.

Érase una vez...

Introducción a relatos o fragmentos literarios para acercar a los estudiantes el placer de la literatura. Todas las piezas literarias son grabadas e interpretadas.

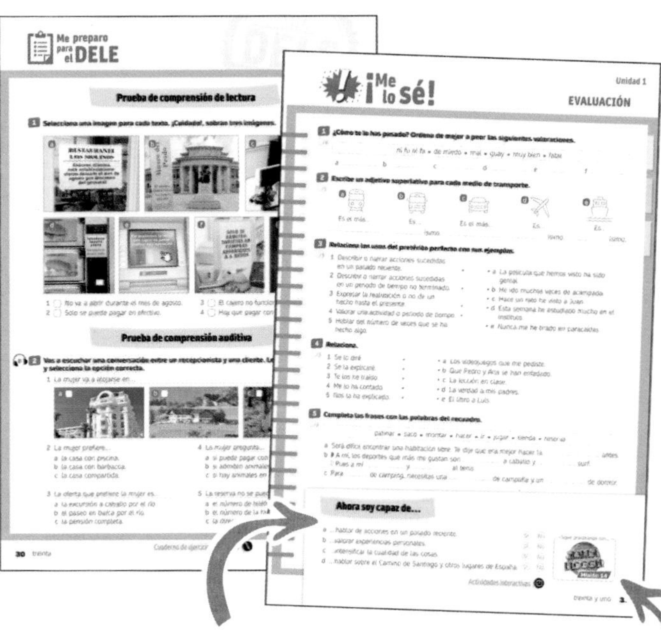

Para la **evaluación del aprendizaje**, se han incluido:

- **actividades de preparación al DELE**, concebidas según el modelo de las pruebas de examen de cada nivel;
- **actividades de evaluación** con puntuación, que se realiza de forma autónoma.

En la sección *Ahora soy capaz de...* se requiere que el estudiante demuestre, con sus propios ejemplos o explicaciones, qué ha aprendido en la unidad.

Referencias al juego *Spanish Blogger.*

ÍNDICE

Unidad 0

Comunicación
- Narrar acciones cotidianas
- Contar una anécdota
- Dar órdenes

Vocabulario
- El clima
- Expresiones de la jerga juvenil
- Los viajes y las vacaciones

Gramática
- *Estar* + gerundio
- *Ser/estar*
- *Ir/venir*
- Imperativo
- El pasado (repaso)

Pronunciación y ortografía
- La acentuación

Cultura
- ¿Qué sabes de nuestra cultura?

¿Qué ves?

1 **Carlos y Lucía se reencuentran en el instituto después de sus vacaciones. ¿Qué ha hecho cada uno? Ordena las palabras para averiguarlo.**

Carlos Fui ....

....

Lucía Fui ....

....

1 **2** **Completa el diálogo de Carlos y Lucía con las siguientes expresiones coloquiales. Después, escucha y comprueba.**

por la cara ▪ es una pasada ▪ nos mosqueamos ▪ qué va
mogollón de ▪ a ver, cuéntame ▪ no te pongas así

Carlos: ¡Hola, Lucía! ¿Qué tal tus vacaciones?
Lucía: ¡Genial! Estuve en las playas de Tarifa haciendo surf.
Carlos: ¿¡Surf!? No sabía que practicabas surf.
Lucía: Sí, **a** .... Las playas son fantásticas y lo mejor es que he conocido a **b** .... gente joven de muchos países.
Carlos: ¡Qué suerte!
Lucía: ¿Y tú? **c** .... Fuiste a los Pirineos, ¿no? Seguro que te lo pasaste en grande.
Carlos: ¡**d** ....! Ya sabes que iba con Luis y Javier, pero al final también vino el primo de Luis **e** .... ¡No pagó nada! Al final **f** .... Luis y yo por su culpa.
Lucía: Bueno, hombre, **g** ...., seguro que pronto hacéis las paces.
Carlos: Sí, pero no vuelvo a ir con ellos...

3 **¿Y tú? ¿Dónde fuiste en las últimas vacaciones? Habla con tu compañero/a.**

4 **Estas personas están disfrutando de sus vacaciones. Completa las frases, como en el ejemplo, y relaciónalas con la imagen correspondiente.**

a [10] Está leyendo (leer) un libro.
b [ ] .... (dormir) la siesta.
c [ ] .... (ir) a los servicios.
d [ ] .... (vestirse).
e [ ] .... (construir) un castillo.
f [ ] .... (bañarse).
g [ ] .... (comerse) un helado.
h [ ] .... (hacer) una foto.
i [ ] .... (tomar) el sol.
j [ ] .... (salir) del agua.

5 **Observa los dibujos y completa los textos sobre el tiempo atmosférico.**

a En ....

.... pero también .... sol, hace más .... que en invierno, pero menos que en verano.

b En verano

.... muy .... tiempo y mucho calor, normalmente .... a más de 30 grados.

c En ....

.... tiempo, hace mucho ...., algunos días llueve o .... nublado.

d En ....

hace mucho ...., a veces llueve y otros días incluso ....

Cuaderno de ejercicios p. 4

1 **Lee la postal que escribió Elena a su amiga Sara el último día de sus vacaciones. Fíjate en los verbos que aparecen resaltados.**

¡Hola, Sara!

¿Qué tal tus vacaciones? ¡Este verano me lo he pasado genial! Ya sabes que mis padres decidieron ir al pueblo de mis abuelos. Cuando llegué no me gustó nada el sitio. Los primeros días me aburrí mucho y, además, tuve que ir con mis padres a visitar a toda la familia, fue un rollo. Por suerte, hace dos semanas conocí a Fani, la nieta de los vecinos de mis abuelos, y desde ese día nos hicimos muy amigas. El viernes pasado fuimos a la feria del pueblo y nos encontramos a sus primos, estuvimos todo el rato con ellos y nos divertimos muchísimo. El mayor, Jorge, ¡es guapísimo! Creo que me gusta. Esta mañana Fani me ha dicho que yo también le gusto y que ayer le pidió mi correo electrónico.

Hoy es mi último día en el pueblo, así que he estado toda la mañana en la piscina con Fani, y después he vuelto a casa y os he escrito a todos.

Ahora te dejo porque quiero despedirme de todo el mundo y ¡todavía no he hecho la maleta!

Me da pena irme, pero también tengo ganas de empezar el curso para veros.

¡¡Muchos besos!! ¡Hasta pronto!

Elena

Sara Martínez Pedrosa

Avda. Reina Victoria, 123, 4. E

28003 Madrid

2 **Escribe los verbos del texto en el recuadro correspondiente según el tiempo del pasado en el que están. Después, escribe el infinitivo de cada verbo.**

Pretérito perfecto
lo he pasado ➜ pasar(lo)

Pretérito indefinido
decidieron ➜ decidir

3 **¿Cuándo se usan estos tiempos del pasado? Completa.**

- Utilizamos el pretérito .... para hablar de acciones pasadas en un tiempo terminado.
- Utilizamos el pretérito .... para hablar de acciones pasadas en un tiempo no terminado o en relación con el presente.

4 **Completa el crucigrama con los verbos en pretérito indefinido y descubrirás la palabra secreta.**

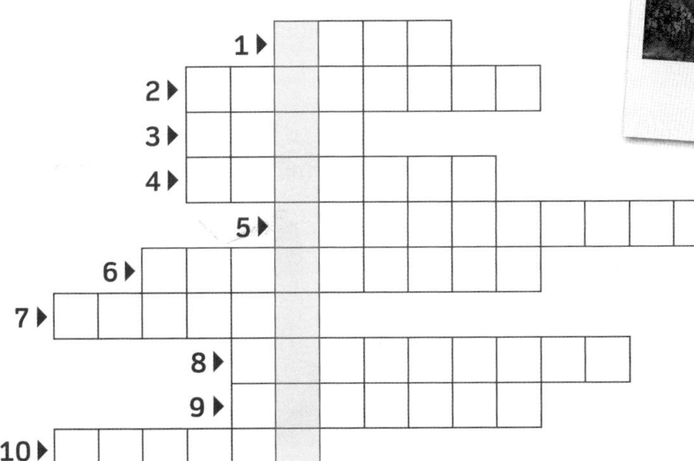

1 1.ª persona singular del verbo *venir*.
2 3.ª persona plural del verbo *traer*.
3 1.ª persona singular del verbo *hacer*.
4 3.ª persona singular del verbo *traducir*.
5 2.ª persona singular del verbo *conducir*.
6 2.ª persona plural del verbo *decir*.
7 3.ª persona singular del verbo *dormir*.
8 1.ª persona plural del verbo *andar*.
9 3.ª persona plural del verbo *leer*.
10 1.ª persona plural del verbo *ir*.

5 **Completa las frases conjugando en pretérito perfecto los verbos entre paréntesis.**

a Este verano .... (hacer, nosotros) muchas excursiones al campo.
b Hace un rato .... (ver, yo) a Luis en la cafetería.
c ¿................................ (Estar, tú) alguna vez en Ibiza?
d Este fin de semana .... (ponerse, yo) morena porque .... (ir, yo) a la playa.
e Siempre .... (querer, ellos) viajar en barco pero nunca lo .... (hacer).
f El viento .... (abrir) la ventana y .... (romperse) el cristal.
g Este año .... (volver, vosotros) de vacaciones antes que el año pasado.

6 **Corrige el error de cada frase.**

a Ayer ~~feu~~ al cine con mis amigos.
Ayer fui al cine con mis amigos.
b El año pasado me lo pasamos genial en el campamento.
....
c En verano, mi hermano leió más de ocho novelas.
....
d En 1992 Barcelona celebraron los Juegos Olímpicos.
....
e Candela hice una fiesta en su casa.
....

Cuaderno de ejercicios p. 4 y 5

Un poco más

1 **Elige la opción correcta.**

a Madrid **es** / **está** la capital de España.
b El avión **es** / **está** más rápido que el tren.
c **Soy** / **Estoy** muy contento porque este año voy de vacaciones a la playa.
d En esta época del año siempre **es** / **está** nublado.
e ¿**Eres** / **Estás** cansado?
f Mi hermano **es** / **está** más alto que yo.
g Los libros **son** / **están** encima de la mesa.

2 **Completa la siguiente conversación telefónica con los verbos *ir* y *venir*.**

Daniel: ¿Sí?
Alberto: Hola, te llamo para saber a qué hora podemos **a** .... a tu casa para ver el partido.
Daniel: ¡Podéis **b** .... cuando queráis!
Alberto: ¿Puede **c** .... también mi primo Javi?
Daniel: ¡Claro que puede **d** ....!
Alberto: Muy bien, entonces **e** .... sobre las seis.

3 **Lee el siguiente texto y pon las tildes que faltan.**

Despues de todo un año preparando el viaje, por fin ya teníamos la mochila en la espalda y los billetes en la mano. Hacía mucho tiempo que María y yo soñabamos con ese día. Estabamos muy nerviosas porque era nuestro primer viaje solas, sin nuestros padres. En la estacion nos esperaban cuatro amigas mas. Todas juntas ibamos a hacer el interrail por Italia y Francia. El tren ya estaba en la vía esperandonos. Nuestro vagon era el ultimo. Por suerte, los asientos eran muy comodos, ya que era un viaje largo. Desde la ventana veía a nuestras familias diciendonos adios. El tren cerraba sus puertas, nuestra aventura comenzaba...

4 **En el texto anterior aparece otro tiempo del pasado: el pretérito imperfecto. Escribe las formas que faltan.**

	ir	ser	ver	soñar	tener
yo					
tú					
él/ella/usted		era	veía		
nosotros/as	íbamos			soñábamos	teníamos
vosotros/as					
ellos/ellas/ustedes		eran			

5 **Observa las ilustraciones. Imagínate que eres la profesora de este alumno. Dale las órdenes correspondientes usando los siguientes verbos en imperativo.**

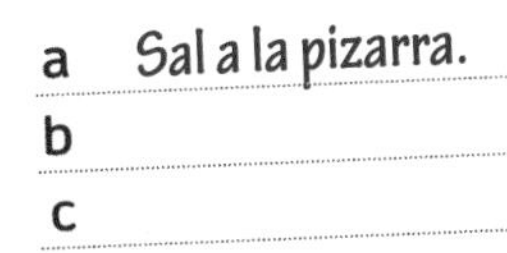

cerrar ▪ abrir ▪ ~~salir~~ ▪ coger ▪ quitarse ▪ sentarse

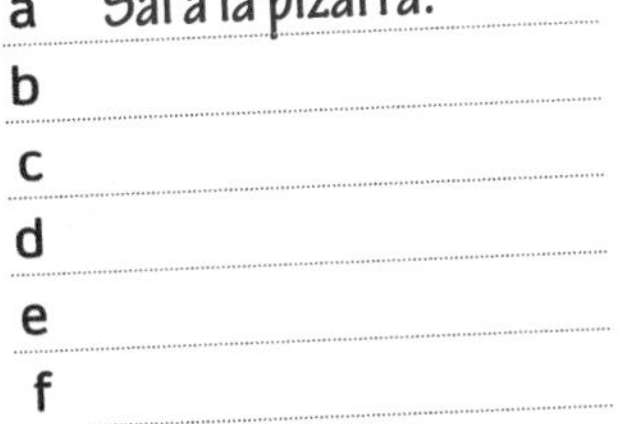

a Sal a la pizarra.
b ....
c ....
d ....
e ....
f ....

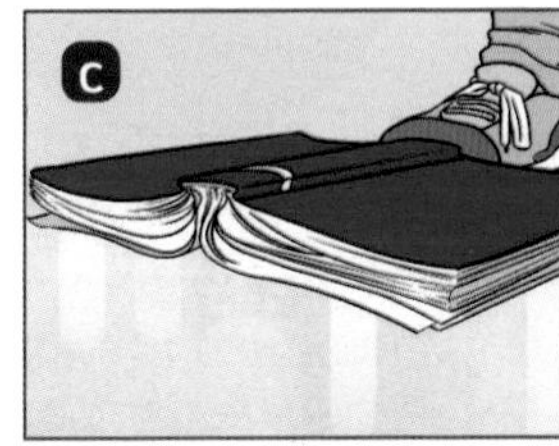

6 **Vamos a jugar.**

¿Qué sabes de nuestra cultura?

Instrucciones:

- Convierte los enunciados en preguntas para hacérselas a tu compañero/a.
- Una pregunta por turno. Si responde correctamente, gana un punto.
- El primero en descifrar el texto final ¡gana un punto extra!

Jugador A

Respuestas: 1 b, 2 c, 3 a, 4 b.

1 El ratón que te deja dinero cuando se te cae un diente se llama...
a Melchor.
b Pérez.
c Valentín.

2 Las corridas de toros están prohibidas en...
a Madrid y Cataluña.
b País Vasco y Cataluña.
c Canarias y Cataluña.

3 El Camino de Santiago termina en...
a la Catedral de Santiago.
b La Coruña.
c la Universidad de Santiago.

4 Con el "quipu", los incas...
a comunicaban información comercial.
b enviaban mensajes.
c se comunicaban con sus antepasados.

Jugador B

Respuestas: 1 c, 2 b, 3 a, 4 a.

1 El Cono Sur está formado por...
a Paraguay, Argentina, Chile y Uruguay.
b Paraguay, Colombia, Chile y Uruguay.
c Argentina, Chile, Brasil y Uruguay.

2 Las alpacas son animales muy útiles en...
a Cuba.
b Bolivia.
c México.

3 Si quiero viajar barato y no me importa compartir habitación tengo que ir a...
a un albergue.
b una casa rural.
c un balneario.

4 Los Reyes Magos se celebran...
a el 6 de enero.
b El 25 de diciembre.
c el 1 de enero.

¡PUNTO EXTRA!: **K tal? Qdms ste find? Tnems k abla. Llamm! A2. Bss.**

Cuaderno de ejercicios p. 5

Unidad 1

¡HA ESTADO GENIAL!

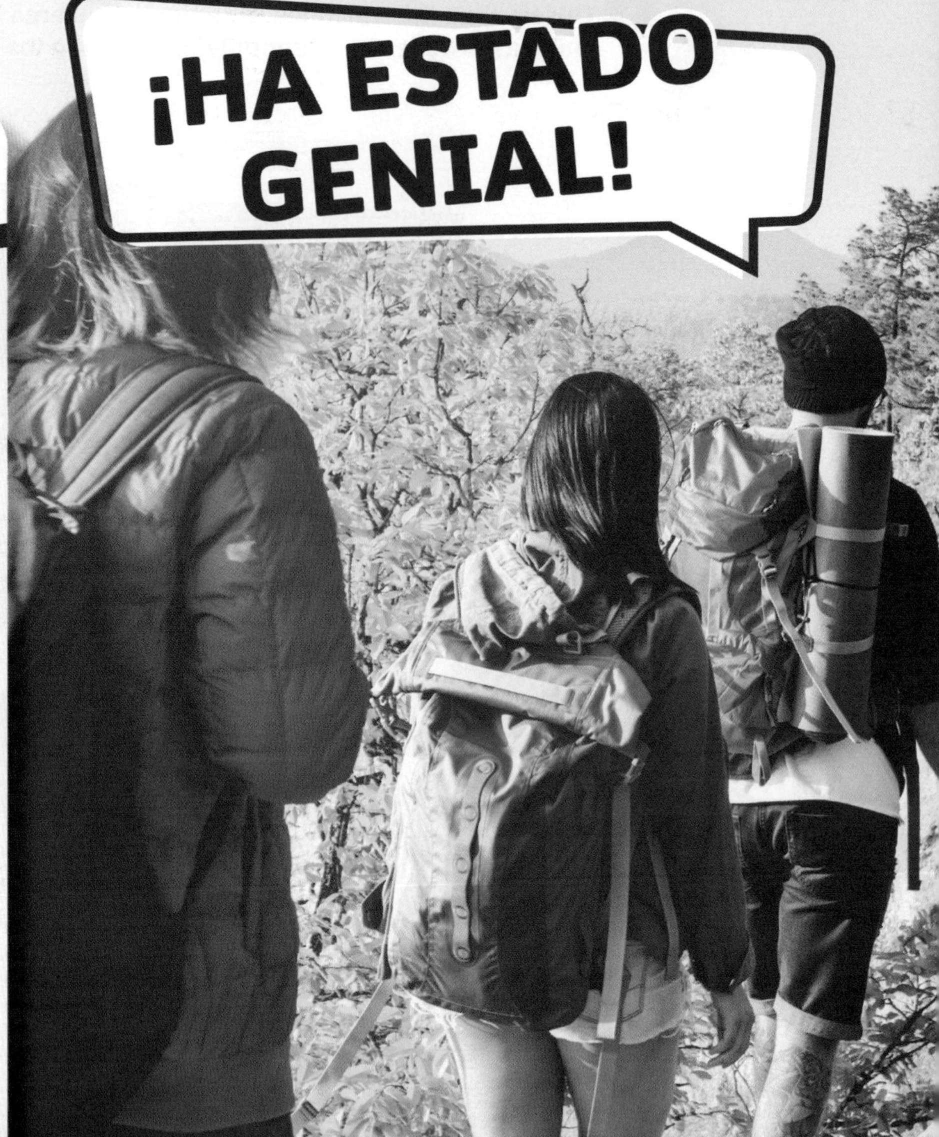

Comunicación
- Valorar una actividad o un periodo de tiempo
- Calificar algo en su grado máximo

Vocabulario
- Actividades de tiempo libre
- Viajes

Gramática
- Pretérito perfecto (repaso y continuación)
- Los pronombres de objeto directo (repaso) e indirecto

Pronunciación y ortografía
- La coma

Sesión de cine
- *Viajar a Asturias*

Cultura
- Un viaje por España

Literatura
- *El Camino de Santiago*
- Poema "Santiago", de Federico García Lorca

¿Qué ves?

1 Fíjate en la imagen y elige la opción correcta.

1 La imagen representa...
  - **a** unos chicos en un viaje cultural.
  - **b** unos chicos haciendo senderismo.
  - **c** unos chicos que llegan del extranjero.

2 El primer chico lleva...
  - **a** gafas, una mochila y un gorro.
  - **b** un mapa, unas botas de montaña y una gorra.
  - **c** una gorra, un bastón y un abrigo.

2 ¿Qué imagen se corresponde con cada acción?

1 Han caminado muchos kilómetros.
2 Se lo han pasado muy bien.
3 No se han perdido en la montaña.
4 Se han protegido del sol.
5 Han llevado todo a su espalda.
6 Han dormido en el suelo.

a 
b 
c 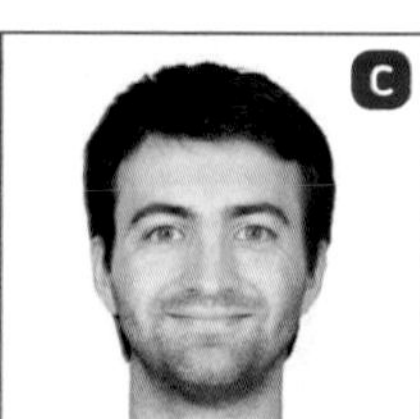
d 
e 
f 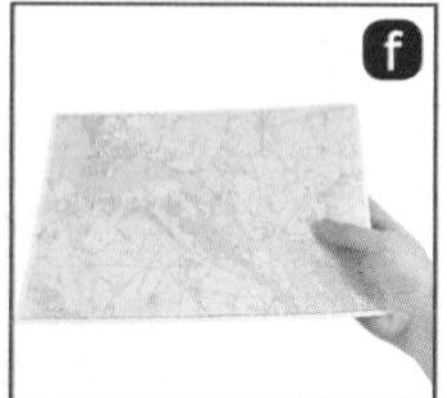

Comenzamos con un diálogo

3 Escucha el diálogo y contesta a las preguntas.

a ¿Qué ha hecho Paco en la montaña? ➜ ....
b ¿Cómo se lo ha pasado Marta? ➜ ....
c ¿Quién crees que es Javi? ➜ ....
d ¿Cuál ha sido la mejor experiencia de Paco en la montaña? ➜ ....
e ¿Cuál es el consejo que se desprende del diálogo? ➜ ....

4 Lee ahora el diálogo y comprueba. Luego prepara algunas preguntas para hacer a tu compañero/a.

Paco: ¡Hola, Marta! ¿Qué tal el finde?
Marta: Bueno, un poco aburrido. He estado estudiando para el examen de Historia y casi no he salido. Y tú, ¿has hecho algo interesante?
Paco: ¡Yo me lo he pasado genial! Hemos estado de acampada en la sierra.
Marta: ¡Qué suerte! ¿Con quién has ido?
Paco: Con mi vecino y su hermano mayor, que es un experto montañero. Él nos ha enseñado a montar solos una tienda de campaña y a usar el mapa y la brújula para no desorientarnos en el campo.
Marta: ¡Qué divertido! Y, ¿dónde habéis dormido?
Paco: Pues en las tiendas, en nuestros sacos de dormir. Lo mejor de la excursión es que hemos visto una lluvia de estrellas por la noche. ¡Ha sido impresionante!
Marta: ¿Y no os ha dado miedo encontraros con animales salvajes?
Paco: ¡No, hombre, no! Además, con Javi nunca pasamos miedo, él sabe qué hacer en todo momento.
Marta: Claro, es verdad. Mi padre siempre dice que a la montaña hay que ir con alguien experimentado.
Paco: Sí, tu padre tiene razón. La montaña es fantástica, pero también peligrosa.
Marta: ¡Qué envidia! ¡Para la próxima me apunto! Y... ya que yo no me lo he pasado tan bien, ¡espero al menos aprobar el examen de Historia!

5 Escribe, siguiendo el ejemplo, qué han hecho Paco y Marta el fin de semana.

a

Paco ha aprendido a utilizar el mapa y la brújula.

b

....

c

....

d
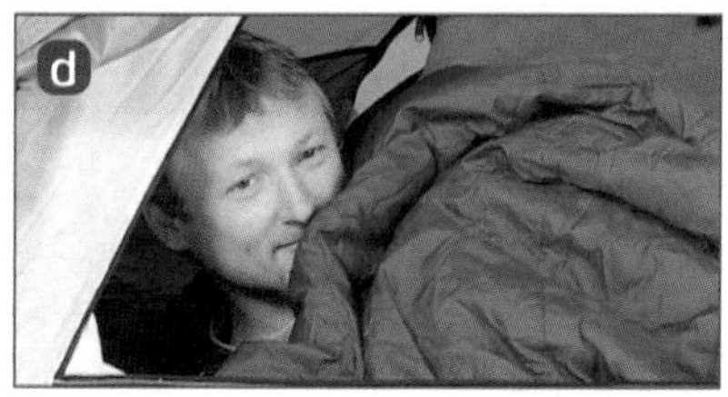

....

e

....

Actividades interactivas

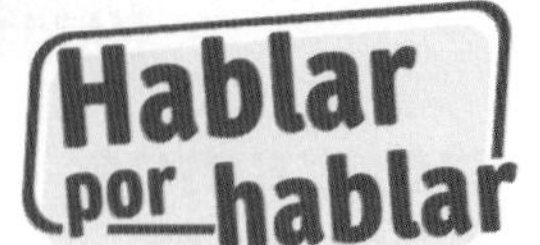

COMUNICACIÓN

VALORAR UNA ACTIVIDAD O UN PERIODO DE TIEMPO

- Para preguntar y responder sobre una **valoración** de una actividad en particular o un periodo de tiempo en general usamos:
  - *¿Cómo (te) ha ido el viaje?*
  - *¿Qué tal (te) ha ido (el viaje)?*
  - *¿Qué tal (te) lo has pasado?*
  - *¿Cómo (te) lo has pasado?*

Ha sido...		Lo he pasado...	Ha estado...	
genial	horrible	de miedo	de miedo	Ni fu ni fa.
fantástico	terrible	genial	superbién	Regular.
estupendo	un rollo	estupendamente	muy bien	Más o menos.
divertidísimo	aburridísimo	superbién	guay	
muy divertido	un desastre...	muy bien	bien	
		muy mal	mal	
		fatal...	muy mal...	

1 **Completa los diálogos y relaciónalos con las imágenes que aparecen.**

Fatal ▪ ¡Ha sido genial! ▪ Ni fu ni fa

Diálogo A

Natalia: ¿Qué tal el finde con María?
Jorge: ¡Bah! ...., hemos hecho lo de siempre: dar una vuelta y mirar tiendas. ¿Y tú?
Natalia: Yo he ido a ver una peli y ha estado bien.

Diálogo B

Sergio: ¿Cómo te ha ido la excursión?
Alberto: ...., ¡nos ha pasado de todo! Entre otras cosas, el conductor se ha equivocado de ruta y nos ha llevado a otro pueblo...
Sergio: Sí, es verdad. En el insti me han dicho que ha sido un desastre.

Diálogo C

Diana: ¿Vas a volver el año que viene al campamento de verano?
Sonia: ¡Por supuesto! ....
Diana: Sí, yo también pienso volver.

1 ☐

2 ☐

3 ☐
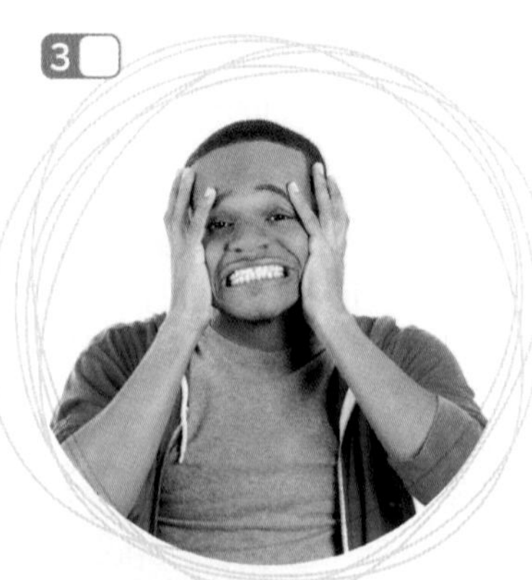

3 **2** **Escucha y comprueba tus respuestas.**

3 **Habla con tu compañero/a. ¿Qué tal el fin de semana?**

Cuaderno de ejercicios p. 6 y 7

CALIFICAR ALGO EN SU GRADO MÁXIMO

- En español existen dos formas de expresar una cualidad en su grado máximo:
  - El **superlativo relativo** (cuando se compara una cualidad con un grupo):
    - *– Ana es **la más** alta **de** la clase.*
    - *– Ana y Marta son **las más** altas **de** la clase.*
    - *– Juan es **el menos** listo **de** la clase.*
    - *– Juan y Paco son **los menos** listos **de** la clase.*
  - El **superlativo absoluto** (cuando se expresa una cualidad sin compararlo con nada):
    - *– Ana es alt**ísima**.*
    - *– Ana y Marta son alt**ísimas**.*
    - *– Juan es list**ísimo**.*
    - *– Juan y Paco son list**ísimos**.*

Ver **Apéndice gramatical** p. 118

4 **Fíjate en estos recuerdos que se ha traído Albert de su viaje a España. Califícalos con los siguientes adjetivos. ¿Coincides con tu compañero/a?**

- El abrecartas es utilísimo / es el más útil de todos.

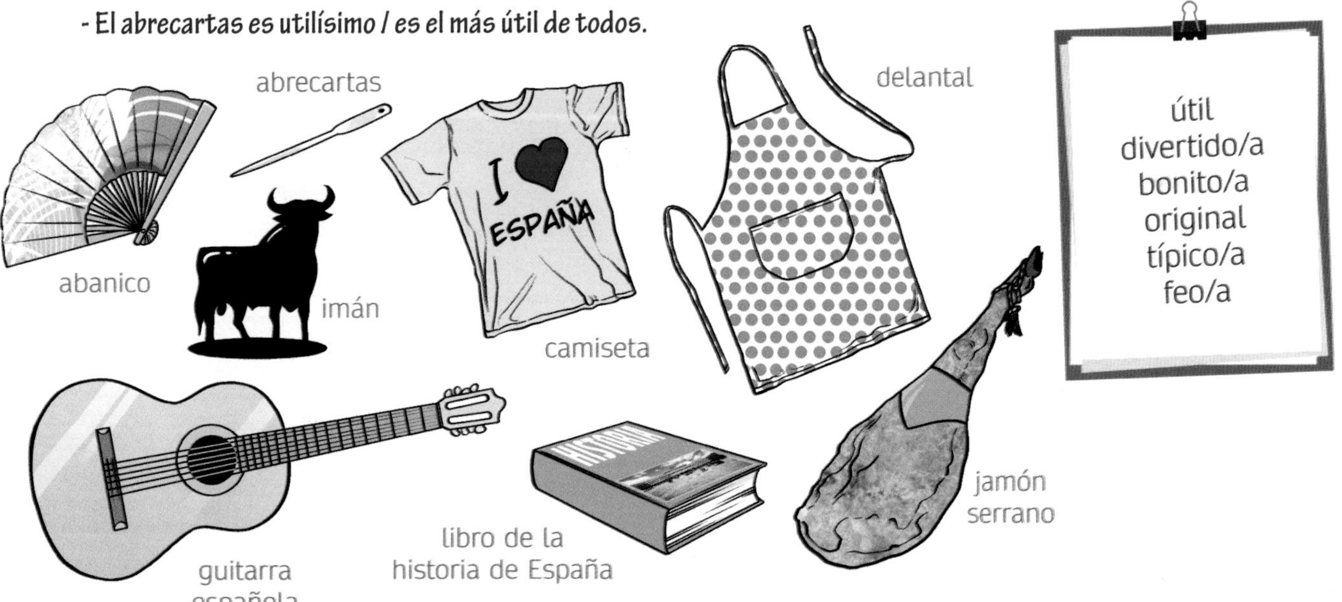

5 **Relaciona las dos columnas.**

1 Pedro es listísimo,	a nos reímos mucho con él.
2 María es altísima,	b siempre gana los campeonatos.
3 Juan es divertidísimo,	c saca muy buenas notas.
4 Paula es buenísima en tenis,	d mide 1,76 m.

6 **¿Conoces bien a tu compañero/a? Hazle preguntas, como en el ejemplo, para saber quién de vosotros dos es...**

a El más dormilón. ➜ ¿Cuántas horas duermes al día?

b El más deportista. ➜ ....

c El más comilón. ➜ ....

d El más estudioso. ➜ ....

Cuaderno de ejercicios p. 7

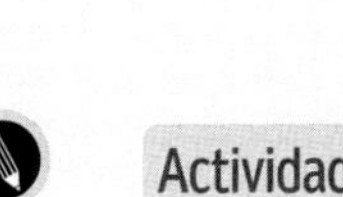

Actividades interactivas

Palabra por palabra VOCABULARIO

Actividades de tiempo libre

1 **Observa las fotos y completa los espacios con los siguientes verbos.**

hacer ▪ jugar ▪ esquiar ▪ patinar ▪ montar ▪ ir

a .... de *camping*.

b .... senderismo.

c .... en bicicleta.

d .... de tapas.

e .... surf.

f .... a caballo.

g ....

h .... *puenting*.

i .... al tenis.

j ....

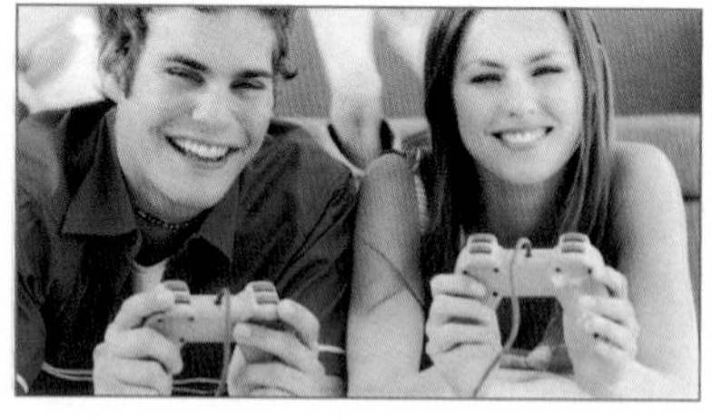

k .... a la consola.

l .... al ajedrez.

2 **Escucha y comprueba.**

3 **Escribe otras actividades que te gusta hacer y que no están en el ejercicio 1.**

4 **Ahora, habla con tu compañero/a y pregúntale si ha hecho alguna vez esas actividades.**

- ¿Qué no ha hecho nunca?
- ¿Qué es lo que más veces ha hecho?
- ¿Qué es lo que más le apetece hacer en el futuro?

Viajes

5 **Lee el diálogo y contesta verdadero (V) o falso (F).**

Recepcionista: Hostal Las Marismas, ¿dígame?
Cliente: Hola, buenos días, quería reservar una habitación para esta noche.
Recepcionista: ¿Para cuántas personas?
Cliente: Somos tres.
Recepcionista: ¿Cuántas noches van a estar?
Cliente: Dos.
Recepcionista: Tenemos una habitación libre con una cama doble y una individual.
Cliente: Perfecto, ¿cuánto cuesta?
Recepcionista: Son 70€ por noche, media pensión.
Cliente: Nosotros solo queríamos alojamiento y desayuno.
Recepcionista: Esta es una oferta que tenemos ahora en noviembre por ser temporada baja, les va a costar lo mismo solo el alojamiento que la media pensión.
Cliente: ¿La media pensión incluye el desayuno y la comida o el desayuno y la cena?
Recepcionista: Pueden elegir lo que quieran.
Cliente: Pues mejor la cena porque pensamos estar todo el día fuera.
Recepcionista: Muy bien. ¿A nombre de quién va a hacer la reserva?
Cliente: Póngala a nombre de Roberto Sánchez.
Recepcionista: ¿Un número de contacto, por favor?
Cliente: El 611 76 54 98.
Recepcionista: De acuerdo, pues ya queda hecha su reserva, les esperamos esta noche.
Cliente: Muy bien, hasta luego.

a El cliente ha pedido tres habitaciones. (V) (F)
b En noviembre no va mucha gente. (V) (F)
c En el precio se incluyen dos comidas al día. (V) (F)
d El cliente solo quiere saber si hay habitación. (V) (F)

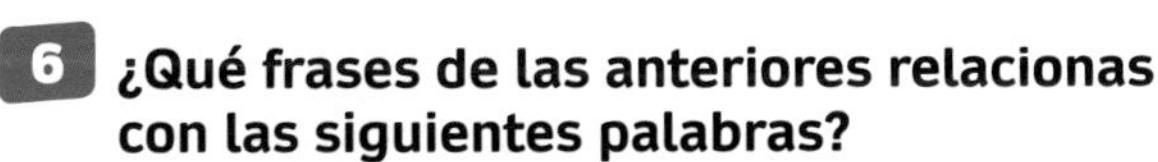

6 **¿Qué frases de las anteriores relacionas con las siguientes palabras?**

1 Alojamiento ☐
2 Temporada baja ☐
3 Reservar ☐
4 Media pensión ☐

7 **¿Qué crees que significan estas expresiones? Escribe una definición para cada una.**

- Temporada alta: ....
- Pensión completa: ....

8 **Habla con tu compañero/a: uno es el recepcionista y otro es el cliente que quiere reservar un fin de semana en el hotel (es temporada alta).**

Cuaderno de ejercicios p. 8 y 9 

Actividades interactivas 

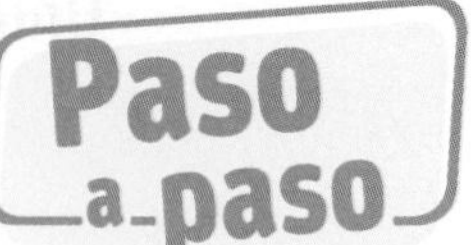

GRAMÁTICA

PRETÉRITO PERFECTO

REPASO

El **pretérito perfecto** se forma con el presente de indicativo del verbo .... + el .... del verbo que expresa la acción.

he			
has		cant-	.... (verbos en -...........)
ha	+		
hemos		com-	
habéis		viv-	**ido** (verbos en -.........../-...........)
han			

Participios irregulares

abrir	→	hacer	→ **hecho**
decir	→ **dicho**	....	→ **roto**
escribir	→	ver	→ **visto**
poner	→ **puesto**	....	→ **vuelto**

- El pretérito perfecto se usa para:
  - hablar de un pasado ....:
    – *Estos días* ***he tenido*** *que estudiar mucho.*
  - hablar de un pasado en un tiempo no terminado:
    – *Este año* ***he ido*** *a la playa.*
- Normalmente va con estas expresiones temporales:
  – ***Este*** *fin de semana/mes/verano/año...*
  – ***Esta*** *mañana/tarde/semana...*
  – ***Estas*** *Navidades/semanas...*
  – ***Estos*** *días/meses...*
  – ***Hace*** *un rato/un momento/diez minutos...*
  – ***Ya***...
  – ***Todavía no***...
- Para hablar del número de veces que se ha hecho algo usamos:

Siempre	IIIII
Muchas veces	IIII
Algunas veces	III
N.º de veces	II
Una vez	I
Ninguna vez	
Nunca	
Jamás	

Ver **Apéndice gramatical** p. 118 Videogramas

1 **Ana está escribiendo en su diario lo que ha hecho el fin de semana. Completa los espacios utilizando los siguientes verbos en pretérito perfecto.**

hablar ▪ hacer ▪ ir ▪ ayudar ▪ decir ▪ volver ▪ ver ▪ terminar ▪ escribir ▪ poder

Este fin de semana **a** .... muchas cosas: **b** .... a mi madre a hacer la compra, **c** .... un texto ¡sobre el medioambiente para el instituto, **d** .... con mi padre por teléfono porque está en Barcelona y me **e** .... que es una ciudad muy interesante. **f** .... al cine con mis amigos del cole y **g** .... una película de terror. Lo malo es que M. no **h** .... venir porque está enfermo... Hace un rato **i** .... a casa y **j** .... los deberes de mañana. Buenas noches, diario, ¡mañana espero ver a M. y contarte!

2 **Escribe algo que has hecho o que no has hecho.**

Hace un rato → ....

Este año → ....

Este fin de semana → ....

Todavía no → ....

Nunca → ....

3 **Ahora compáralo con tu compañero/a, ¿coincidís en algo?**

Cuaderno de ejercicios p. 9 a 12

LOS PRONOMBRES DE OBJETO DIRECTO E INDIRECTO

	Objeto directo	Objeto indirecto
yo	**me**	**me**
tú	**te**	**te**
él/ella/usted	/	**le (se)**
nosotros/as	**nos**	**nos**
vosotros/as	**os**	**os**
ellos/ellas/ustedes	/	**les (se)**

– *He cogido **las** llaves y **las** he metido en el bolso.* – ***Le** he dicho a Javier la verdad.*

- Al combinarse, el orden de los pronombres es siempre: objeto indirecto + objeto directo.

  ◗ *¿Dónde has dejado mi libro?*
  ◗ ***Te lo** he dejado encima de la mesa.*
  a ti el libro

- Cuando los pronombres de objeto indirecto *le* o *les* van antes de *lo*, *la*, *los*, *las*, cambian a *se*:
  (El libro, a él) ➡ *~~Le~~ **lo** he dejado encima de la mesa.* ➡ ***Se lo** he dejado encima de la mesa.*

- Los pronombres van normalmente delante del verbo:
  – ***Me lo** ha contado Carolina.*

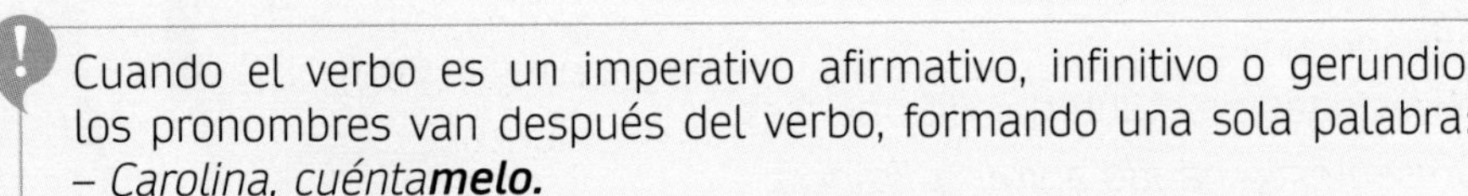
Cuando el verbo es un imperativo afirmativo, infinitivo o gerundio, los pronombres van después del verbo, formando una sola palabra:
– *Carolina, cuénta**melo**.*

Videogramas 

4 Completa con el pronombre de objeto indirecto adecuado.

a .... he dado a mi hermana su regalo de cumpleaños. (a ella)
b ¿.......................... dejas tu diccionario, por favor? (a mí)
c La profesora .... manda siempre muchos deberes. (a nosotros)
d A Carlos y a Juan también .... dije el día de mi cumpleaños. (a ellos)

5 Relaciona cada frase con la imagen correspondiente.

a Se lo ha contado. b Se la ha puesto. c Se la ha explicado. d Se las ha regalado.

6 Completa los espacios en blanco con el pronombre de objeto correspondiente a las palabras entre paréntesis.

Hoy me he enfadado con mi hermana. Me ha pedido una camiseta y yo (a ella) **a** .... he dicho que (a ella) **b** .... (la camiseta) **c** .... dejaba, pero si no (la camiseta) **d** .... estropeaba. Ella (a mí) **e** .... ha dicho que vale, pero a los diez minutos (a mi hermana) **f** .... he visto sentada en el sofá comiendo chocolate y justo en ese momento... ¡(la camiseta) **g** .... ha manchado de chocolate!

Cuaderno de ejercicios p. 12 y 13  Actividades interactivas 

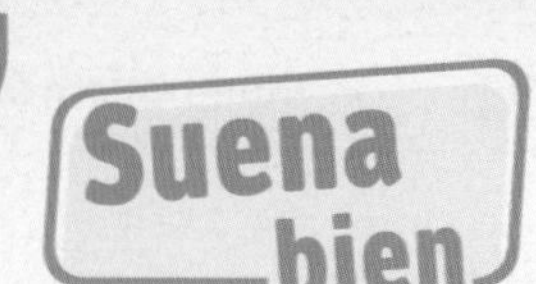

PRONUNCIACIÓN Y ORTOGRAFÍA

La coma

5 **1 Escucha y marca la opción correcta.**

1. a El examen es el lunes no, el martes.
   b El examen es el lunes, no el martes.
   c El examen es el lunes o el martes.

2. a Ya, te lo dije.
   b Ya te lo dije.
   c ¡Ya te lo dije!

3. a No, es el miércoles.
   b No es el miércoles.
   c ¿No es el miércoles?

4. a No lo recuerdo.
   b No, lo recuerdo.
   c ¡No lo recuerdo!

USOS DE LA COMA

- Se usa la coma:
  - para separar **palabras** o **frases de una misma clase**, si no van separadas de ***y***, ***ni***, ***o***:
    - *Antonio, Juan, María y Luis me han dicho que vienen a la fiesta.*
    - *Este fin de semana hemos ido al campo, hemos dormido al aire libre y hemos visto las estrellas.*
  - para separar **incisos** (explicaciones en el interior de una frase):
    - *Carlos, el chico que te presenté, se ha ido a vivir a Francia.*
  - después de un **vocativo**:
    - *Lucas, sal a la pizarra.*
  - con expresiones como: ***o sea***, ***es decir***, ***además***, ***sin embargo***, ***bueno***, ***por último***...:
    - *Bueno, ¿me lo vas a contar o no?*

2 En las siguientes frases han desaparecido las comas. Léelas y añade las que se necesiten.

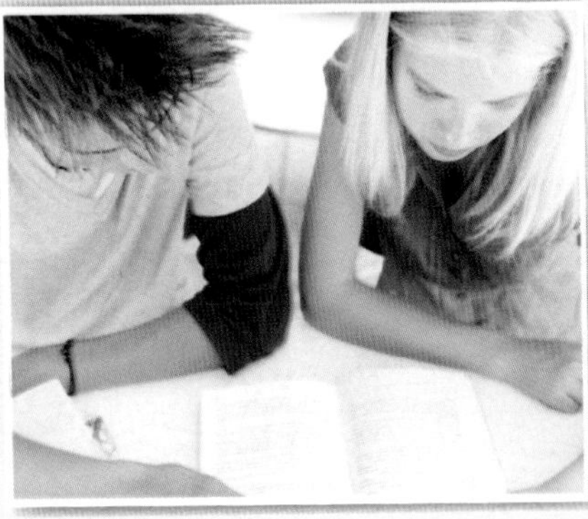

a Daniel el chico al que conociste que te ha escrito esta semana por internet juega en un equipo de baloncesto con mi hermano.

b Verónica chica tómate unas vacaciones. Tienes que ir al campo disfrutar del aire libre relajarte y escuchar el cantar de los pájaros.

c Patricia es muy aventurera: ha hecho *puenting* surf y todos los fines de semana se va de acampada.

6 **3 Dictado.**

Cuaderno de ejercicios p. 13 Actividades interactivas

VÍDEO

VIAJAR A ASTURIAS

SINOPSIS

Marcos y Eva se encuentran por la calle. Ambos hablan sobre lo que han hecho el fin de semana. Eva ha estado en Asturias con su familia y unos amigos. Marcos ha ido a un partido de fútbol y a un parque de atracciones. De repente aparece Santi. ¿Cómo crees que habrá pasado Santi el fin de semana?

1 **Averigua si tu compañero/a ha hecho las siguientes cosas durante el pasado fin de semana.**

- **a** ¿Has ido de compras?
- **b** ¿Has comido fuera de casa?
- **c** ¿Has salido con tus amigos?
- **d** ¿Has practicado algún deporte?

2 **¿Conoces Asturias? Observa las siguientes imágenes y piensa en qué actividades puedes hacer en esta región de España.**

Lagos de Covadonga

Picos de Europa

3 **Relaciona las siguientes actividades de ocio y tiempo libre con sus imágenes.**

a

b

c

d

e

- ☐ **1** Ir a un parque de atracciones.
- ☐ **2** Excursiones en *quad*.
- ☐ **3** Ver un partido de fútbol.
- ☐ **4** Senderismo.
- ☐ **5** Escalada.

4 **Observa el vídeo y haz las actividades que te va a dar tu profesor/a.**

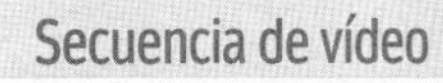

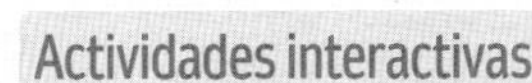

Mundo hispano

Cultura

UN VIAJE POR ESPAÑA

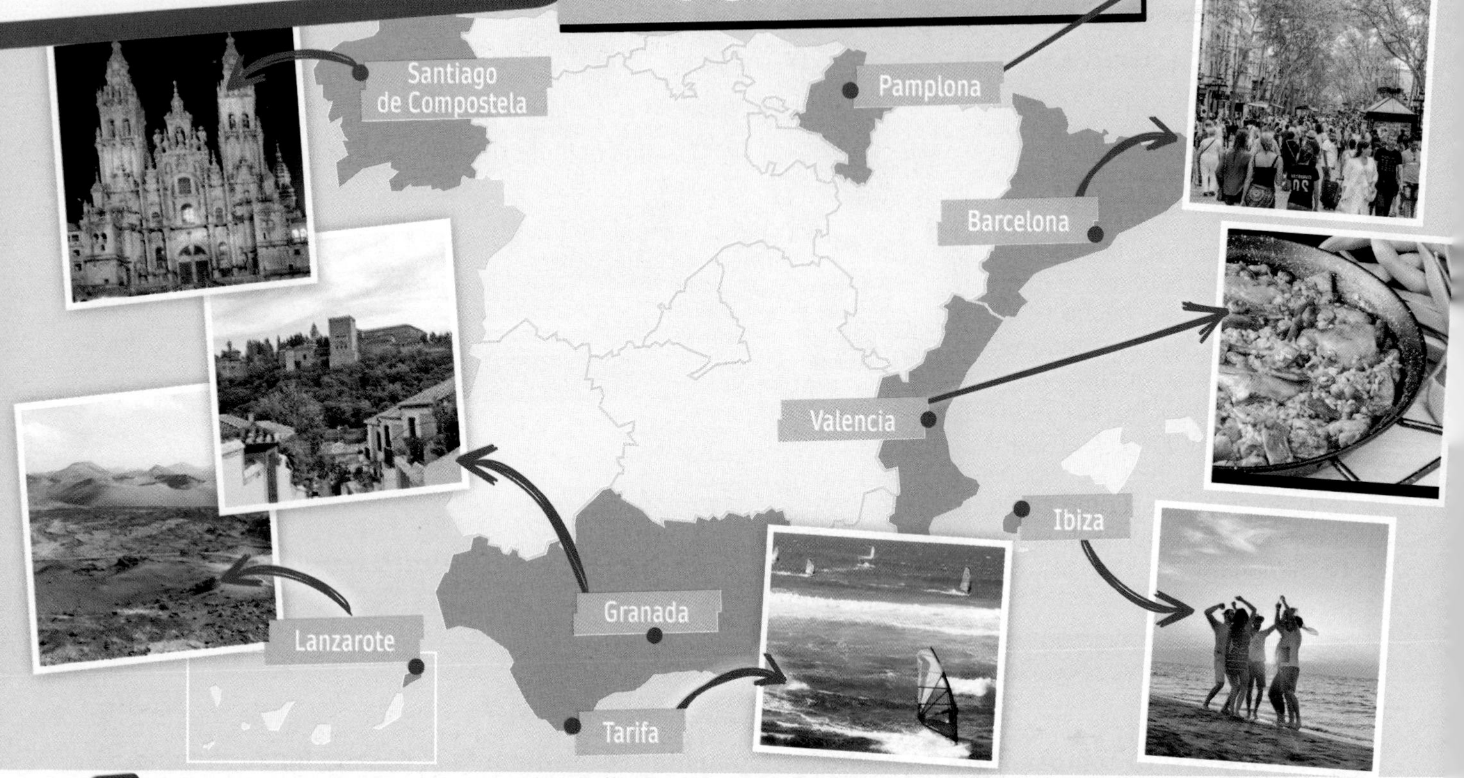

Santiago de Compostela

Pamplona

Barcelona

Valencia

Ibiza

Granada

Lanzarote

Tarifa

1 **Leonard, un chico alemán, ha pasado unos meses en España. Ahora, en la playa, relee en su agenda todo lo que ha hecho, pero la agenda se ha mojado. Observa el mapa y las imágenes y ayuda a Leonard a reconstruir las palabras que se han borrado.**

19 de marzo

He estado en **a** ...., una ciudad llena de luz. He visitado la Ciudad de las Artes y de las Ciencias y he disfrutado de la fiesta más importante: las Fallas, en las que se queman unas figuras de cartón llamadas *ninots*... Estas fiestas siempre son a mediados de marzo y son increíbles. ¡Nunca he visto una fiesta igual! También he probado **b** ...., que está riquísima.

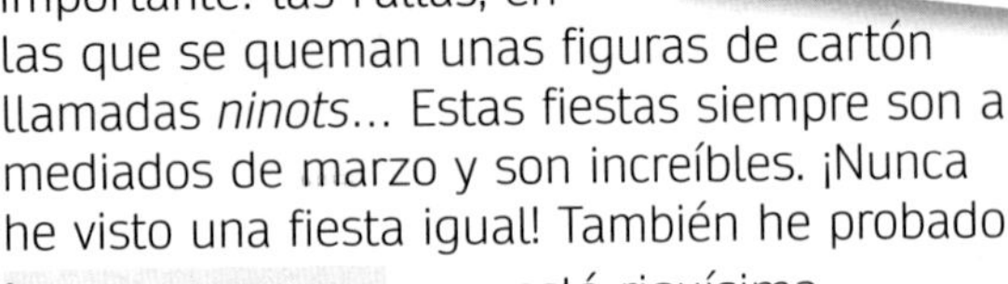

27 de marzo

Hoy en **c** ....
he visto la arquitectura modernista de Antoni Gaudí, como la Pedrera y la Sagrada Familia, todavía en construcción y desde la que se puede ver toda la ciudad. **d** .... un partido de fútbol del Barça, el equipo de la ciudad, y después he paseado por las Ramblas. ¡Había muchísima **e** ....!

12 de abril

Este finde he ido a **f** ...., he esquiado en la nieve y **g** .... la Alhambra, una impresionante ciudad amurallada árabe del siglo XIII. Por la noche **h** .... de tapas, ¡se sirven gratis con la bebida!

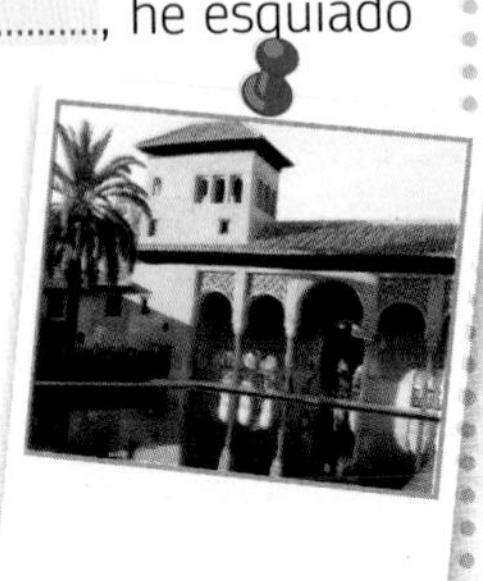

15 de mayo

He estado en **i** ...., una isla del archipiélago canario conocida como la "isla de los volcanes". He visitado el Parque Nacional de Timanfaya y **j** .... en camello. El paisaje es tan increíble que por un momento ¡he creído estar en otro planeta!

4 de junio

He estado en k .... y he hecho surf en sus playas, donde hay mucha gente haciéndolo. Por la tarde l .... un espectáculo flamenco, pero lo que más me ha gustado ha sido el *pescaíto* frito que puedes m .... en cualquier sitio y que es ¡superbarato!

7 de julio

Ayer en n .... empezaron los Sanfermines. Están de fiesta hasta el día 14. Es una de las fiestas más populares de España. Todo el mundo viste de ñ .... con un pañuelo rojo, y los más valientes corren por las calles delante de los o .... ¡Ha sido divertidísimo!

25 de julio

Hoy he visitado la Catedral de p ...., donde está enterrado el apóstol Santiago y donde miles de peregrinos llegan haciendo el Camino de Santiago. Después, hemos ido a un restaurante y ¡q .... un marisco buenísimo!

7 de agosto

Ahora estoy en otra isla, r ...., que pertenece a las Islas Baleares. Me s .... en unas playas preciosas y he salido todos los días. Aquí hay mucha gente joven y ¡mucha fiesta! ¡Me lo t .... de miedo!

FIESTAS | EL DÍA DEL AMIGO

El Día del Amigo se inventó para celebrar la amistad. Inicialmente se celebraba solo en Argentina y Uruguay, donde eligieron el aniversario de la llegada del hombre a la Luna (20 de julio de 1969) para celebrarlo. Más tarde, otros países se unieron a este evento, si bien eligieron otras fechas para hacerlo. En 2011, la Asamblea General de las Naciones Unidas propuso extender esta celebración al resto de los países del mundo. Al 30 de julio se le llamó el Día Internacional de la Amistad.

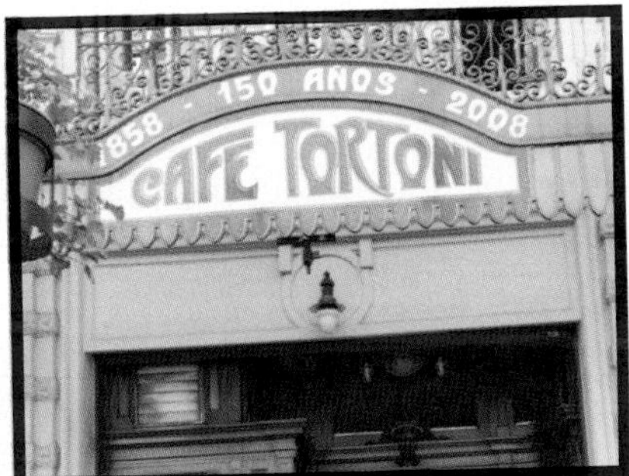

El Café Tortoni, en Buenos Aires, es uno de los lugares más típicos para celebrar el **Día de la Amistad.**

En algunos países hispanoamericanos como México, República Dominicana, Costa Rica, Ecuador, Puerto Rico y Colombia, el 14 de febrero se celebra el Día del Amor y la Amistad. En otros lugares, como Guatemala, se llama el Día del Cariño, y en muchos países lo celebran como el Día del Amigo Secreto. Durante este día, los amigos se preparan regalos de forma secreta.

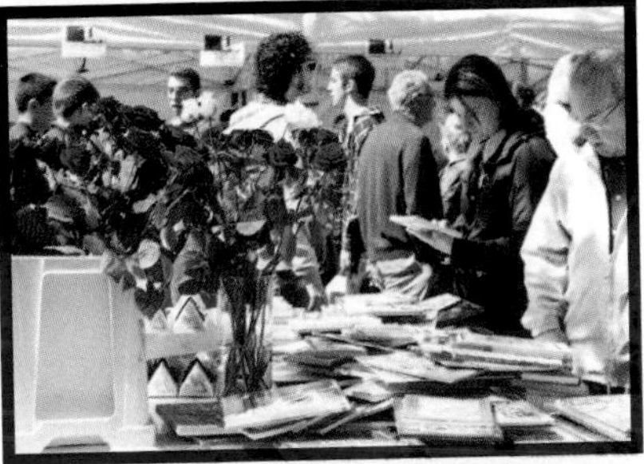

Puestos de libros y rosas, durante el Día de Sant Jordi, en Barcelona.

En Cataluña, España, se celebra el Día de Sant Jordi, también llamado Día de los Enamorados o Día del Libro y la Rosa. Según la tradición, los familiares, amigos o parejas regalan una rosa o un libro a las personas que quieren.

2 Contesta.

a ¿Celebras el Día Internacional de la Amistad? ¿Cómo?

b ¿Te gustaría celebrar el Día del Libro? ¿Crees que es una buena idea? ¿Por qué?

c En tu opinión, ¿crees que es importante tener un día que celebre el amor o la amistad? ¿Por qué?

Cuaderno de ejercicios p. 14 · Actividades interactivas

Érase una vez... LITERATURA

Camino de Santiago

El Camino de Santiago

Esta ruta coincide con la Vía Láctea y, desde hace mucho, las personas la siguen porque es un camino mágico, lleno de leyendas y misterios. Los hombres venían de toda Europa y se dirigían hacia Finisterre. En aquella época se pensaba que ahí terminaba el mundo, al ser el punto situado más al oeste de Europa, donde moría el sol. Creían que en esas aguas había monstruos. Hoy en día esa zona se conoce con el nombre de *Costa da Morte*, que en español significa "Costa de la Muerte".

1 Relaciona cada palabra con su definición.

1 puesta de sol
2 ermitaño
3 decapitar
4 albergue
5 monstruo
6 la voluntad
7 Vía Láctea
8 tumba

a Conjunto de estrellas.
b Personaje fantástico y que da miedo.
c Lugar donde puedes dormir y que suele ser muy barato o gratis.
d Cantidad de dinero que voluntariamente das a alguien o que pagas por un servicio.
e Cortarle la cabeza a alguien.
f Persona que vive sola y aislada, sin relacionarse con el mundo.
g Lugar donde se mete el cuerpo de un muerto.
h Cuando se termina el día y el sol se esconde.

7 **2** **Lee y escucha.**

Roncesvalles, 1 de julio

Querido diario:

Hoy ha empezado mi aventura. He caminado 25 km, estoy cansadísimo y ¡todavía me falta mucho! Ahora estoy en el albergue, que está muy bien. A lo largo de toda la ruta hay un montón de albergues donde puedes dormir y comer algo sin pagar nada o solo la voluntad.

Durante la comida, una señora mayor nos ha contado la leyenda de Santiago. Santiago era uno de los doce apóstoles de Jesucristo que vino a Hispania para cristianizarla. En aquella época estaba prohibido predicar la religión cristiana, así que cuando volvió a su casa, a Palestina, fue decapitado por el rey Herodes. Dos apóstoles robaron su cuerpo y lo llevaron de nuevo a Galicia, a un pueblo que hoy se llama Padrón. Ahí vivía una reina muy mala que se llamaba Lupa. Cuando los apóstoles bajaron del barco, la reina, para reírse de ellos, les dio dos toros salvajes para que tiraran del carro donde transportaban a Santiago. Dice la leyenda que, inexplicablemente, los toros lo llevaron tranquilamente hasta un bosque donde los apóstoles lo enterraron. Siglos más tarde, un ermitaño vio una fuerte luz sobre aquel bosque y encontró la tumba. A ese lugar le llamaron Compostela, que significa "campo de las estrellas". A partir de entonces, la gente empezó a hacer el camino para ver la tumba del apóstol, que hoy se encuentra en la Catedral de Santiago, y muchos continúan la ruta hasta Finisterre para ver la puesta de sol. La verdad es que ha sido una historia interesantísima. Creo que en este viaje voy a aprender mucho. Ahora ya me voy a dormir que mañana va a ser un día duro...

3 **Contesta a las siguientes preguntas.**

a ¿En qué ciudad ha empezado la ruta? ....

b ¿Cuándo empieza su viaje? ....

c ¿Qué estación del año es? ....

d ¿Por qué la gente empezó a hacer esta ruta? ....

e ¿Desde dónde está escribiendo? ....

f ¿Quién le ha contado la historia de Santiago? ....

g ¿Cuánto le ha costado el alojamiento? ....

h ¿Cómo murió Santiago? ....

4 **Muchos autores han escrito sobre el apóstol Santiago. Lee este poema y describe cómo aparece Santiago en el cielo.**

"Esta noche ha pasado Santiago
su camino de luz en el cielo.
Lo comentan los niños jugando
con el agua de un cauce sereno.
¿Dónde va el peregrino celeste
por el claro infinito sendero?
Va a la aurora que brilla en el fondo
en un caballo blanco como el hielo".

Poema "Santiago", de Federico G.ª Lorca

Actividades interactivas

Prueba de comprensión de lectura

1 **Selecciona una imagen para cada texto. ¡Cuidado!, sobran tres imágenes.**

1 ☐ No va a abrir durante el mes de agosto.
2 ☐ Solo se puede pagar en efectivo.
3 ☐ El cajero no funciona.
4 ☐ Hay que pagar con el dinero justo.

Prueba de comprensión auditiva

8 **2** **Vas a escuchar una conversación entre un recepcionista y una cliente. Lee las preguntas y selecciona la opción correcta.**

1 La mujer va a alojarse en...

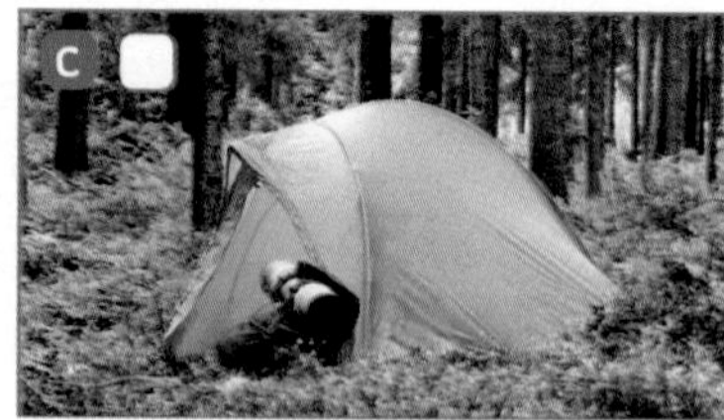

2 La mujer prefiere...
- a la casa con piscina.
- b la casa con barbacoa.
- c la casa compartida.

3 La oferta que prefiere la mujer es...
- a la excursión a caballo por el río.
- b el paseo en barca por el río.
- c la pensión completa.

4 La mujer pregunta...
- a si puede pagar con tarjeta.
- b si admiten animales.
- c si hay animales en el jardín.

5 La reserva no se puede hacer sin...
- a el número de teléfono.
- b el número de la tarjeta de crédito.
- c la dirección de su casa.

Cuaderno de ejercicios p. 15 y 16 · Actividades interactivas

EVALUACIÓN

1 **¿Cómo te lo has pasado? Ordena de mejor a peor las siguientes valoraciones.**

__/6

ni fu ni fa ▪ de miedo ▪ mal ▪ guay ▪ muy bien ▪ fatal

a .... b .... c .... d .... e .... f ....

2 **Escribe un adjetivo superlativo para cada medio de transporte.**

__/5

a Es el más... ....
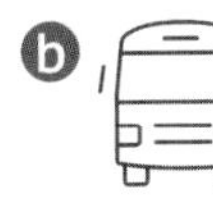
b Es... .... ísimo.

c Es el más... ....

d Es... .... ísimo.
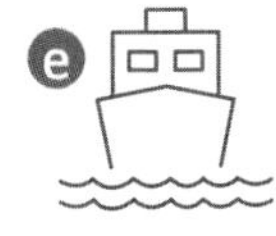
e Es... .... ísimo.

3 **Relaciona los usos del pretérito perfecto con sus ejemplos.**

__/5

1 Describir o narrar acciones sucedidas en un pasado reciente. •
2 Describir o narrar acciones sucedidas en un periodo de tiempo no terminado. •
3 Expresar la realización o no de un hecho hasta el presente. •
4 Valorar una actividad o periodo de tiempo. •
5 Hablar del número de veces que se ha hecho algo.

• a La película que hemos visto ha sido genial.
• b He ido muchas veces de acampada.
• c Hace un rato he visto a Juan.
• d Esta semana he estudiado mucho en el instituto.
• e Nunca me he tirado en paracaídas.

4 **Relaciona.**

__/5

1 Se lo daré. •
2 Se la explicaré. •
3 Te los he traído. •
4 Me lo ha contado. •
5 Nos la ha explicado. •

• a Los videojuegos que me pediste.
• b Que Pedro y Ana se han enfadado.
• c La lección en clase.
• d La verdad a mis padres.
• e El libro a Luis.

5 **Completa las frases con las palabras del recuadro.**

__/8

patinar ▪ saco ▪ montar ▪ hacer ▪ ir ▪ jugar ▪ tienda ▪ reserva

a Será difícil encontrar una habitación libre. Te dije que era mejor hacer la .... antes.
b ▸ A mí, los deportes que más me gustan son .... a caballo y .... surf.
▹ Pues a mí, ... y .... al tenis.
c Para .... de *camping*, necesitas una .... de campaña y un .... de dormir.

Ahora soy capaz de...

a ...hablar de acciones en un pasado reciente. Sí No
b ...valorar experiencias personales. Sí No
c ...intensificar la cualidad de las cosas. Sí No
d ...hablar sobre el Camino de Santiago y otros lugares de España. Sí No

Sigue practicando con...

Actividades interactivas

Unidad 2

HISTORIAS DE LA VIDA

Comunicación
- Relacionar y situar acciones en el pasado
- Expresar la repetición de una acción

Vocabulario
- Álbum de familia
- Momentos históricos

Gramática
- Pretérito indefinido regular e irregular (repaso)

Pronunciación y ortografía
- Los signos de puntuación

Sesión de cine
- *El examen de Historia*

Cultura
- Encuentro de culturas

Literatura
- *El capitán Alatriste*, de Arturo Pérez-Reverte

¿Qué ves?

1 **Fíjate en la imagen: ¿qué asignatura crees que están estudiando?**

2 **Escribe el nombre de cada estudiante según la época de la historia de España de la que están hablando.**

a La época de los Reyes Católicos y Cristóbal Colón.
➜ ....

b La llegada de los romanos.
➜ ....

c La llegada de los musulmanes a la península ibérica en el siglo VIII d.C.
➜ ....

3 **Relaciona.**

1 Al-Ándalus es el nombre que se le dio a los territorios de la península ibérica bajo dominio musulmán.
2 La Reconquista de la Península contra la dominación árabe finalizó en 1492 con los Reyes Católicos.
3 Hacia el año 200 a.C. gran parte de la Península empezó a formar parte del Imperio romano.
4 Las naves que llegaron a América con Colón fueron la Pinta, la Niña y la Santa María.

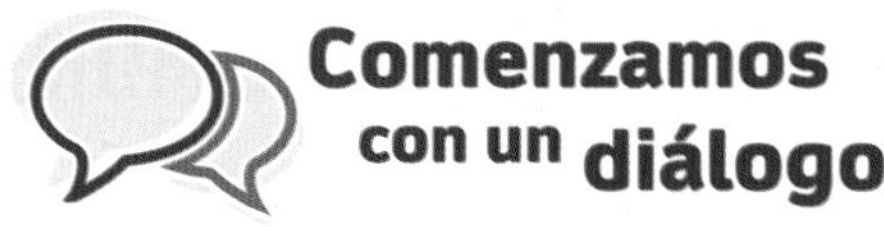

9 **4 Escucha el diálogo y contesta a las preguntas según lo que dicen Luis, Ana y María.**

Luis: ¿Qué te pareció la clase de ayer?
Ana: Muy interesante, pero la historia reciente es la que más me gusta. Como son hechos que ocurrieron hace menos tiempo, los imagino mejor.
María: Pues a mí me gustan más otras épocas. ¿Os acordáis de la clase del otro día, cuando el profe nos explicó cómo llegó Colón a América?
Ana: Sí, ya me acuerdo. Colón fue a ver a los Reyes Católicos porque en Portugal no consiguió el dinero para el viaje.
Luis: A mí lo que me gusta de esa época es que, hasta que los Reyes Católicos expulsaron a los judíos y musulmanes, convivieron tres culturas en España.
María: Y, además, los árabes dejaron una huella muy importante, no solo en sus monumentos sino en la cultura, la ciencia, la lengua...
Ana: Ya, pero la huella que dejaron antes los romanos fue también muy profunda, en muchas ciudades españolas hay obras arquitectónicas suyas, puentes...
Luis: Sí, pero a mí lo árabe me parece más exótico, no sé, más diferente, ¿no?
Ana: Puede ser, de todas formas, prefiero la historia reciente. Además, quiero saber muchas más cosas de la historia de España.
María: Bueno, muchas más no, que luego tenemos que estudiarlas para el examen...
Luis: ¡Ja, ja! Tienes razón...

La Alhambra

El acueducto de Segovia

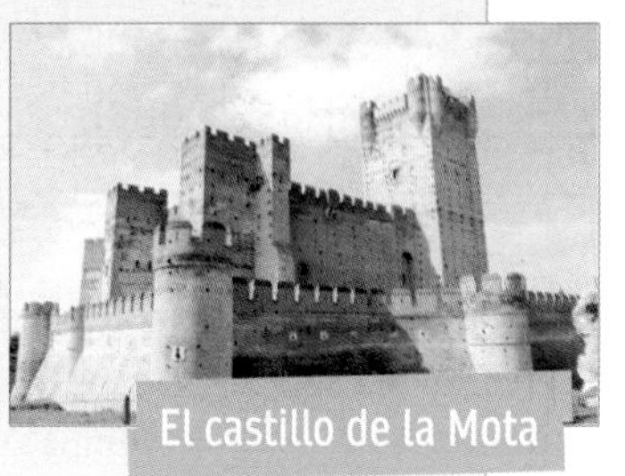
El castillo de la Mota

a ¿Por qué le gusta más a Luis la época de dominación árabe que la romana? ➔ ....
....

b ¿Qué prefiere estudiar Ana, la primera chica? ¿Por qué? ➔ ....

c ¿A quién pidió ayuda Colón antes de a España para realizar su viaje? ➔ ....

d ¿Qué otra cultura crees que convivió en España con judíos y musulmanes antes de su expulsión?
➔ ....

5 Selecciona la imagen correcta en el siguiente texto.

Los  llegaron a la península ibérica sobre el año 206 a.C. y estuvieron hasta el siglo V d.C. Siglos después, en el 711, llegaron del norte de África los . Tras más de siete siglos de Reconquista, los  vencieron a los  con la conquista del reino de Granada. Los  financiaron el viaje de  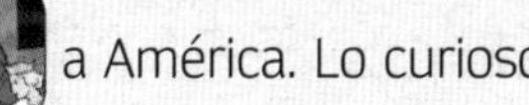 a América. Lo curioso de la historia es que cuando   llegó allí ¡pensó que estaba en Asia!

Actividades interactivas

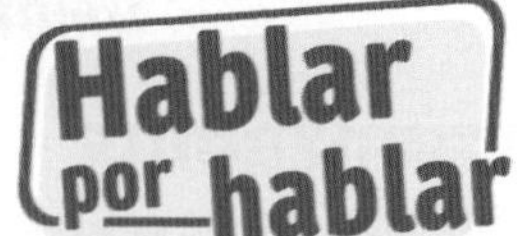

COMUNICACIÓN

RELACIONAR Y SITUAR ACCIONES EN EL PASADO

- Para **relacionar dos acciones** en el pasado:
  - Antes de + llegar/salir/empezar...
  - Años/días/meses + más tarde...
  - A los dos meses/A las tres semanas...
  - Al cabo de + un mes/dos años...
  - Al año/A la mañana + siguiente...
  - Un día/mes/año + después...

  – ***Antes de salir*** *de casa, cogí las llaves.*
  – *Empecé a leer un libro y* ***al cabo de dos horas*** *lo terminé.*

- Para expresar el **inicio de una acción**:
  - Desde el lunes/1980/marzo...

  – ***Desde*** *marzo estudio español.*

- Para expresar la **duración de una acción**:
  - De... a
  - Desde... hasta
  - Durante

  – *Estuve estudiando español* ***desde*** *las cinco* ***hasta*** *las ocho.*
  – *Estuve estudiando español* ***durante*** *tres horas.*

- Para expresar el **final de una acción**:
  - Hasta (que)

  – *Estudié español* ***hasta que*** *cumplí dieciocho años y viajé a España.*

1 **Selecciona la opción correcta.**

hasta que ▪ antes de ▪ en 2000 ▪ durante ▪ desde que ▪ al cabo de dos años

a Mis padres se casaron .... y .... nací yo.
b No me lo creí .... Sergio no me lo contó.
c .... empezó el curso, Víctor no ha hecho ningún día los deberes.
d Empecé a ir a clases de piano .... cumplir los cinco años.
e Estuve viajando por Europa .... dos años.

2 **Escribe lo que hizo Jorge la semana pasada. Utiliza las expresiones aprendidas sin repetir ninguna.**

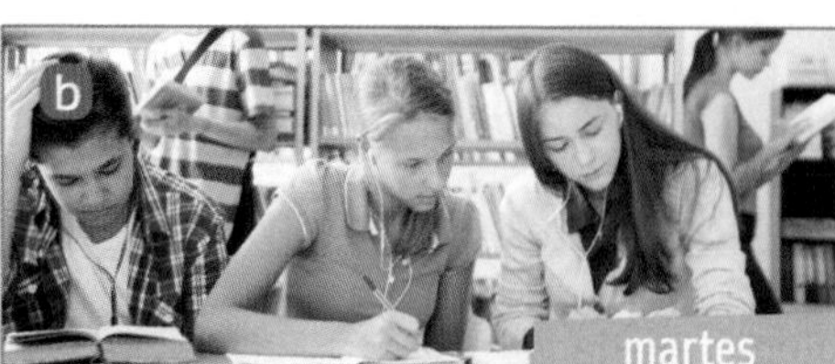

Fue a estudiar a la biblioteca al día siguiente.

....

....

3 **¿Qué hiciste el año pasado? Habla con tu compañero/a.**

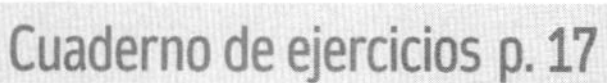

EXPRESAR LA REPETICIÓN DE UNA ACCIÓN

- Para expresar la repetición de una acción se usa la forma ***volver a*** + infinitivo:
  - *Cristóbal Colón viajó a América en 1492 y **volvió a viajar** allí varias veces más.*
  - *Después de tres años, este verano he **vuelto a ir** al pueblo de mis abuelos.*
  - *El próximo curso **vuelvo a estudiar** francés en el instituto.*

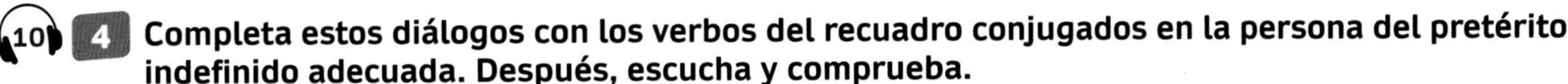

10 **4 Completa estos diálogos con los verbos del recuadro conjugados en la persona del pretérito indefinido adecuada. Después, escucha y comprueba.**

volver a quedar ▪ volver a ganar ▪ volver a comprar

Diálogo A

- ¿Sabes que el otro día perdí el libro de Historia?
- ¿Sí? ¿Y qué hiciste?
- Pues .... otro. No sabes el enfado que tiene mi madre...
- Ya, me lo imagino.

Diálogo B

- ¿Te acuerdas de Jaime, aquel chico que conocimos el año pasado en los campamentos?
- Sí, era muy simpático. ¿Sabes algo de él?
- Pues hace mucho que no. .... alguna vez, pero perdí su teléfono. Tú no lo tienes, ¿no?

Diálogo C

- ¿Sabes cuántas veces ha ganado el Mundial de Fútbol Argentina?
- Una, ¿no?
- No, dos. Lo ganó en 1978 y después lo .... en 1986.

5 Observa las imágenes y las fechas y construye frases con *volver a* + infinitivo.

Mi tío/1995/2010

Examen/diciembre/marzo

Elecciones/Presidente/2008/2012

Luisa/Óscar/2002/2010

a ....

b ....

c ....

d ....

6 Escribe y representa con tu compañero/a un diálogo como los del ejercicio 4.

Cuaderno de ejercicios p. 18  Actividades interactivas 

Palabra por palabra VOCABULARIO

Álbum de familia

1 **Sergio está viendo con su abuela el álbum de fotos familiar. Relaciona las fotografías con lo que cuenta la abuela de Sergio.**

a b c d e f g h

1 ☐ Esta es del primer día que tu padre **fue a la universidad**. **Se graduó** cinco años después.

2 ☐ Tu padre y tu madre **se conocieron** en la fiesta de cumpleaños de un amigo de la facultad. **Se enamoraron** en el momento en el que se vieron.

3 ☐ Cuando tus padres **empezaron a salir** tu padre le regaló a tu madre un anillo precioso que desde entonces siempre lleva puesto.

4 ☐ El día que **se casaron** tus padres, tu madre se enfadó mucho porque en lugar de ser ella la que llegó tarde a la boda ¡fue tu padre!

5 ☐ El día que tu abuelo **se jubiló** compró dos billetes de avión y nos fuimos de vacaciones a Mallorca.

6 ☐ Cuando **naciste**, todos nos pusimos muy contentos y fuimos al hospital a verte todos tus abuelos.

7 ☐ Esta foto es del día que tu padre **empezó a trabajar** como arquitecto. Todavía recuerdo lo nervioso que estaba ese día.

8 ☐ El primer día que **fuiste al colegio** estuviste llorando hasta que tu madre te recogió por la tarde.

2 **Ordena cronológicamente los verbos resaltados en la vida de una persona, según tu opinión. Compara con tu compañero/a, ¿coincidís?**

a ....nacer..................
b ....
c ....
d ....
e ....
f ....
g ....
h ....
i ....
j ....

3 **Cuéntale a tu compañero/a la historia de tu familia. ¿Coincidís en muchas cosas? ¿Qué es lo más curioso que te ha contado tu compañero/a?**

– Mi abuelo nació en Almería y mi abuela en un pueblecito de Málaga. Se conocieron a los 15 años en...

Cuaderno de ejercicios p. 18 y 19

Momentos históricos

4 Relaciona las palabras de la columna de la izquierda con las de la derecha según su significado.

1 **Invadir:** entrar en un país por la fuerza de forma inesperada. •
2 **Reinar:** solo lo pueden hacer los reyes. •
3 **Descubrir:** ver o encontrar algo por primera vez. •
4 **Guerra:** lucha entre naciones o partes de una nación. •
5 **Ganar:** obtener la victoria sobre el enemigo. •

• a **Explorar:** reconocer o examinar con detenimiento un lugar nuevo.
• b **Batalla:** cada una de las luchas que se producen dentro de un conflicto armado.
• c **Conquistar:** ganar mediante una guerra un territorio.
• d **Vencer:** derrotar o rendir al enemigo.
• e **Gobernar:** lo puede hacer un rey o un político.

5 Completa la siguiente tabla según el ejemplo.

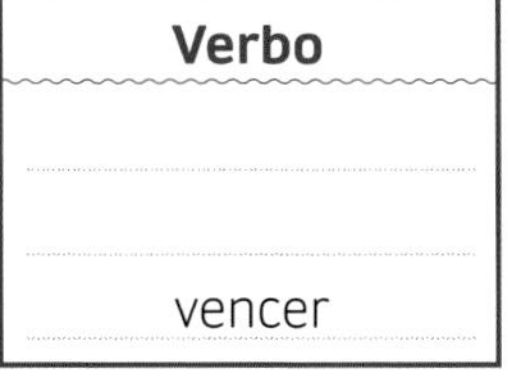

Verbo	Nombre
	reino/reinado
	descubrimiento
vencer	*victoria*

Verbo	Nombre
conquistar	
	gobierno
	exploración

Luchar en una *batalla*.
Combatir en una *guerra*.
Ganar una *batalla*, una *guerra*...

6 Lee los siguientes textos sobre la vida de dos personajes históricos y completa los espacios con algunas de las palabras del ejercicio anterior.

RODRIGO DÍAZ

Conocido como **el Cid Campeador**, nació en Burgos en 1043. Fue un caballero castellano que a .... el Levante de la península ibérica, ganando así el perdón del rey de Castilla, que lo desterró de su reino años antes. Luchó en numerosas batallas en las que b .... a los árabes, lo que lo convirtió en un héroe de la Reconquista. Su vida inspiró una de las obras más importantes de la literatura española: *El Cantar del mío Cid.*

AMÉRICO VESPUCIO

Nació en Florencia en el año 1454. Fue un navegante que trabajó al servicio de los reyes de Portugal y de Castilla. Se considera que fue el primer europeo en darse cuenta de que las tierras que c .... Cristóbal Colón pertenecían a un nuevo continente. Por esta razón, en 1507 el cartógrafo Martin Waldseemüller utilizó en un mapa el nombre de "América" en su honor para designar al Nuevo Mundo después de la d ....

7 Escribe la vida de un personaje histórico de tu país.

Cuaderno de ejercicios p. 19 y 20  Actividades interactivas 

GRAMÁTICA

PRETÉRITO INDEFINIDO REGULAR

	viajar	volver	salir
yo	viaj**é**	volv...........	sal**í**
tú	viaj...........	volv**iste**	sal...........
él/ella/usted	viaj**ó**	volv...........	sal**ió**
nosotros/as	viaj...........	volv**imos**	sal...........
vosotros/as	viaj**asteís**	volv...........	sal**isteis**
ellos/ellas/ustedes	viaj...........	volv**ieron**	sal...........

- La 2.ª y 3.ª conjugación tienen las mismas ....
- La 1.ª persona del plural es igual a la del presente de indicativo en la 1.ª y 3.ª conjugación ....

Videogramas 

1 Busca en la sopa de letras ocho verbos en pretérito indefinido. Aquí tienes una pista de cada verbo.

a Lo contrario de *entrar* (3.ª persona singular).
b Lo hacen con un boli y un papel.
c Lo contrario de *encontrar* (1.ª persona singular).
d Cuando tienen que tomar una decisión.
e Lo contrario de *irse* (1.ª persona plural).
f Cuando vais a México, a Cuba, a Francia...
g. Cuando ves a alguien por primera vez. ✓
h Lo contrario de *perder* (1.ª persona singular).

c	o	n	o	c	i	s	t	e	r	d
f	f	g	j	a	b	o	u	i	l	f
a	g	s	e	l	y	ó	o	i	o	e
d	e	c	i	d	i	e	r	o	n	e
h	y	e	n	c	o	n	t	r	é	v
e	t	r	o	e	ó	s	b	o	t	o
s	v	u	e	i	v	e	i	v	s	l
c	o	i	l	s	b	o	a	i	a	v
r	g	a	p	i	p	r	i	a	m	i
i	s	a	a	e	n	n	o	j	b	m
b	e	o	i	e	r	r	t	a	n	o
i	h	a	w	l	d	d	t	s	h	s
e	ó	b	a	l	ú	o	í	t	l	f
r	f	v	s	i	e	v	o	e	o	e
o	a	s	q	m	f	o	j	i	s	e
n	f	r	e	i	a	x	a	s	u	n

2 Escribe frases con seis de esos verbos.

a ....
b ....
c ....
d ....
e ....
f ....

3 Piensa en otros tres verbos regulares en pretérito indefinido y escribe una pista como en el ejercicio 1. Tu compañero/a tiene que adivinar de qué verbos se trata.

a ....
b ....
c ....

Cuaderno de ejercicios p. 21 

VERBOS IRREGULARES EN LA 3.ª PERSONA

Algunos verbos de la 3.ª conjugación presentan un cambio vocálico en la 3.ª persona del singular y plural.

	(e → i)	(o → u)	(i → y)
	pedir	**dormir**	**construir**
yo	pedí	dormí	construí
tú	pediste	dormiste	construiste
él/ella/usted	p**i**dió	d**u**rmió	constru**y**ó
nosotros/as	pedimos	dormimos	construimos
vosotros/as	pedisteis	dormisteis	construisteis
ellos/ellas/ustedes	p**i**dieron	d**u**rmieron	constru**y**eron

Ver **Apéndice gramatical** p. 119  Videogramas 

OTROS VERBOS IRREGULARES

REPASO

1 ¿Cómo se conjugan los verbos ***ser/ir*** y ***dar*** en pretérito indefinido?

	ser/ir	**dar**
yo	....	....
tú	....	....
él/ella/usted	....	....
nosotros/as	....	....
vosotros/as	....	....
ellos/ellas/ustedes	....	....

2 ¿Cómo cambian su raíz algunos verbos irregulares?

a hacer → ....
b querer → ....
c poder → ....
d tener → ....
e estar → ....
f caber → ....

Ver **Apéndice gramatical** p. 120 

4 Completa el texto conjugando los verbos entre paréntesis en pretérito indefinido. ¿Sabes de qué famoso artista español habla?

a .... (Nacer) en Málaga en 1881 y **b** .... (morir) en Mougins, Francia en 1973. **c** .... (Seguir) los pasos de su padre José Ruiz Blasco, que **d** .... (ser) artista, profesor de arte y su maestro. **e** .... (Hacer) sus primeros dibujos a lápiz. **f** .... (Aprender) con los dibujos de su padre y los **g** .... (repetir) con una perfección increíble para un niño de su edad. Cuentan que una vez le **h** .... (pedir) a su padre un lápiz y un papel y **i** .... (dibujar) unas palomas tan perfectas que su padre **j** .... (sentirse) peor artista que su propio hijo. Hoy en día está considerado el artista más importante del siglo XX y uno de los que más **k** .... (influir) en el desarrollo del arte moderno.

5 Clasifica los verbos que han aparecido en el texto.

Regulares	Irregulares e>i (3.ª p.)	Irregulares o>u (3.ª p.)	Irregulares i>y (3.ª p.)	Otros irregulares
nació,				

Cuaderno de ejercicios p. 22 a 26 Actividades interactivas

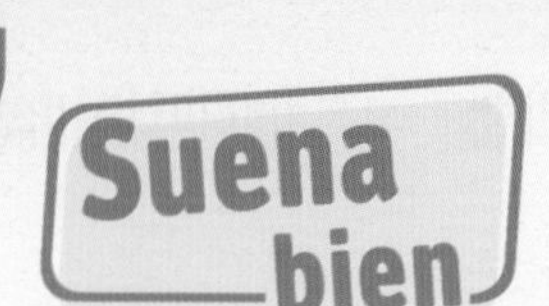

PRONUNCIACIÓN Y ORTOGRAFÍA

Los signos de puntuación

11 **1 Señala las funciones que crees que tiene la puntuación en el lenguaje. Después, escucha y comprueba.**

a ☐ Reproduce la lengua escrita.
b ☐ Facilita la comprensión de los mensajes escritos.
c ☐ Organiza el discurso y da coherencia a los elementos que lo componen.
d ☐ Señala el carácter de determinados fragmentos: diálogos, citas...

SIGNOS DE PUNTUACIÓN

■ En español existen los siguientes signos de puntuación:

. punto	; punto y coma	... puntos suspensivos	— raya	" " comillas
: dos puntos	, coma	( ) paréntesis	¡! ¿? signos de exclamación e interrogación	

2 Escribe cada signo de puntuación junto a su uso.

a ☐ Indica una pausa menor al punto y mayor a la coma. Separa elementos que ya tienen coma o frases independientes, pero que tienen una relación semántica.
b ☐ Se usa para incisos (en lugar de paréntesis o comas) o para introducir el estilo directo.
c ☐ Interrumpen el discurso y atraen la atención sobre lo que sigue: una enumeración, una cita, una conclusión, etc.
d ☐ Abren y cierran frases exclamativas o interrogativas.
e ☐ Separa los elementos de una enumeración.
f ☐ Contienen aclaraciones o información adicional.
g [" "] Se usan para las citas y los títulos, y para señalar una o más palabras utilizadas en un sentido no literal. Después de dos puntos, introducen el estilo directo.
h ☐ Interrumpen una frase, por lo que queda incierta y sin conclusión. Colocados tras una enumeración, tienen la misma función que "etcétera" (etc.).
i [.] Señala el final de una frase. Después de él, siempre se escribe en mayúsculas.

12 **3 Escucha y escribe los signos de puntuación necesarios en estas frases.**

a Pepe dijo ☐☐ Mañana me voy a Italia ☐[.]
b Mi abuelo nació en Ronda ☐ Málaga ☐☐
c Tengo que comprar tomates ☐ carne ☐ fruta ☐ pan ☐
d Luisa preguntó ☐☐☐ Puedo venir más tarde ☐☐☐
e Jaime ☐ que es el hermano de María ☐ va a mi misma clase ☐

13 **4 Dictado de parejas. Escribe en tu cuaderno lo que lee tu compañero/a.**

Alumno A

Y todo un coro infantil
va cantando la lección:
"mil veces ciento, cien mil;
mil veces mil, un millón".
(Antonio Machado)

Alumno B

La causa de esta angustia no consigo
ni vagamente comprender siquiera;
pero recuerdo y, recordando, digo:
– Sí, yo era niño, y tú, mi compañera.
(Antonio Machado)

Cuaderno de ejercicios p. 27 Actividades interactivas 

VÍDEO

EL EXAMEN DE HISTORIA

SINOPSIS

Hoy los chicos han tenido un examen de Historia. ¿Cómo les habrá salido? En el pasillo hablan sobre las respuestas que ha puesto cada uno. A Santi no le ha salido muy bien. Normal, ha estudiado en el último momento.

1 **Con tu compañero/a, responde a las siguientes preguntas.**

- a ¿Repasas las lecciones justo antes de empezar el examen?
- b ¿Estás nervioso desde que empieza el examen hasta que termina?
- c ¿Buscas las respuestas en el libro después del examen?
- d ¿Hablas del examen con tus compañeros al día siguiente?
- e ¿Tienes dificultades para memorizar fechas y las olvidas al cabo de poco tiempo?

2 **Observa las siguientes imágenes e intenta ponerlas en orden.**

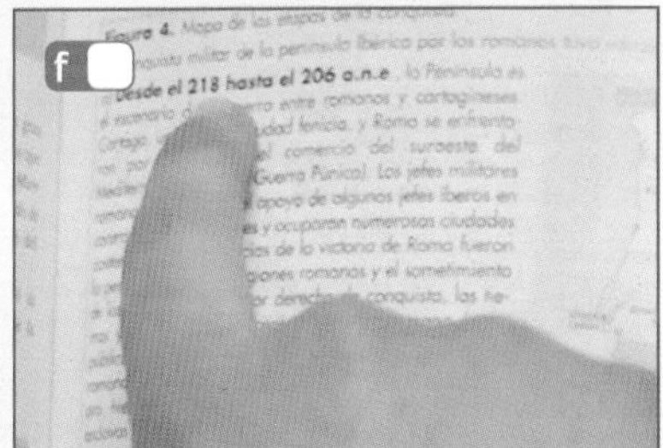

3 **Observa el vídeo y haz las actividades que te va a dar tu profesor/a.**

Secuencia de vídeo

Actividades interactivas

Mundo hispano

Cultura

ENCUENTRO DE CULTURAS

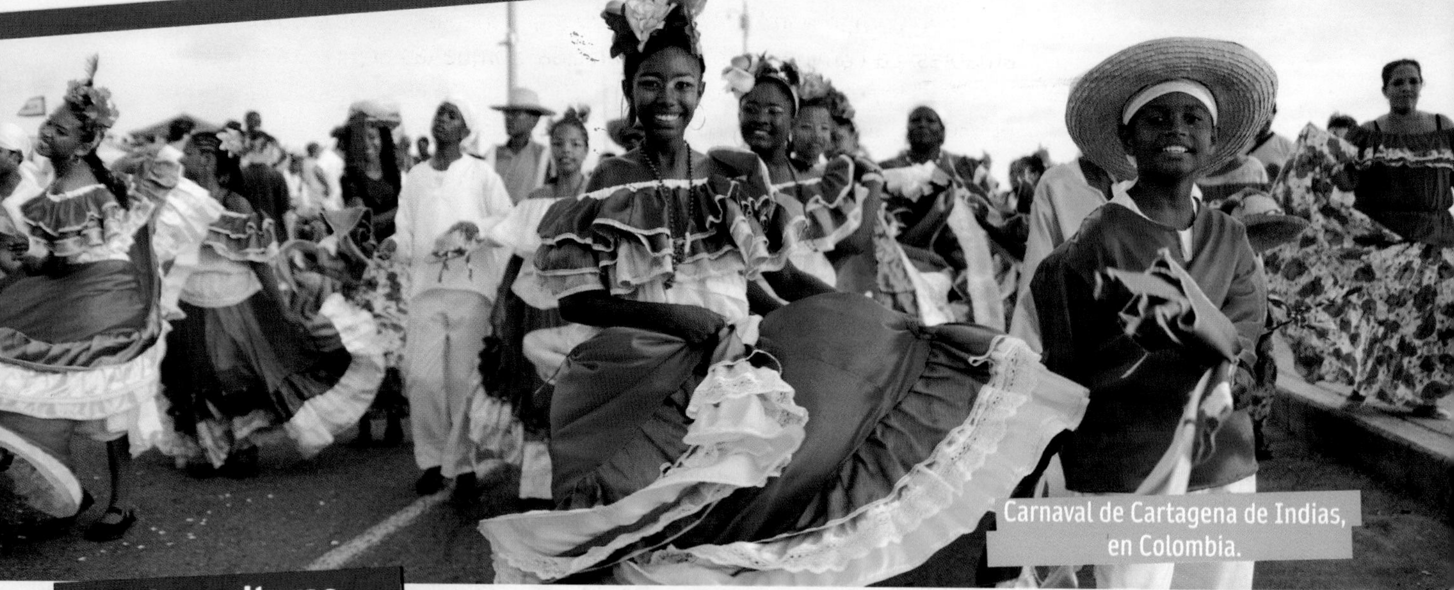

Carnaval de Cartagena de Indias, en Colombia.

Las culturas del mundo español

Con el descubrimiento de América, las culturas indígenas y española se combinaron. Pero la herencia cultural del continente no termina allí: tiene conexiones con África, con Asia y con otros países europeos. Estas son algunas de las culturas que forman parte de la identidad hispanoamericana.

- La llegada de los españoles a México significó el fin del Imperio azteca y el inicio del contacto con la cultura europea. Desde 1966, la Plaza de las Tres Culturas está en el lugar de la última batalla entre el español Hernán Cortés y Cuauhtémoc, el emperador azteca. En la plaza hay ruinas de un templo azteca, un convento español y una moderna torre.
- Los países del Caribe tienen una rica mezcla cultural, ya que su población desciende de africanos, indígenas y europeos. En esta región, el Carnaval es la fiesta que celebra la diversidad de herencias a través de la música, el baile, los trajes coloridos y los desfiles.
- En el Caribe, más de 600 000 personas pertenecen al grupo étnico "garífuna". Es un pueblo con herencia africana e indígena caribeña. Tienen su propia lengua, el garífuna, y una cultura única que combina tradiciones de las Antillas y del oeste de África. Viven en varios países centroamericanos y en Estados Unidos.
- En Uruguay y Argentina hay una gran comunidad judía. Está formada por descendientes de los inmigrantes de Europa Oriental, que emigraron a América en los siglos XIX y XX por motivos políticos y económicos. Hoy mantienen su religión y las fiestas tradicionales.

Músicos del grupo étnico garífuna.

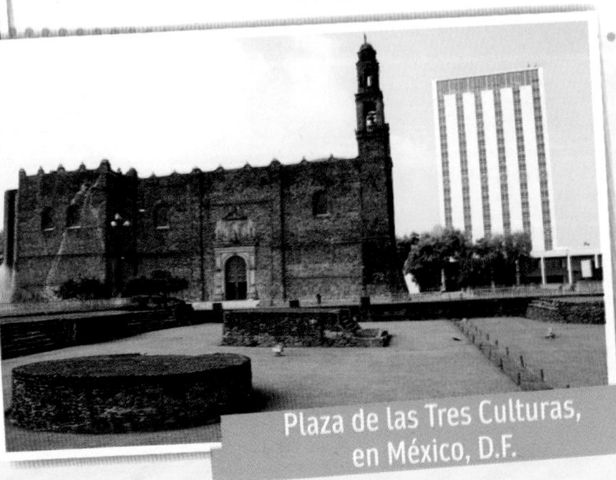

Plaza de las Tres Culturas, en México, D.F.

14 **1** **¿Sabías que en Perú hay una gran comunidad japonesa? Escucha y lee.**

Japoneses en Perú

Alberto

"Me llamo Alberto y soy de Lima, Perú. Mis abuelos eran japoneses y emigraron a Perú a principios del siglo XX. En Perú hay una gran comunidad japonesa: ¡más de 50 000 personas! La gente de esta comunidad se llama *nikkei*. Pienso que hay muchas cosas en común entre los peruanos y los japoneses, como ser optimistas y amables. La comida también es parecida, porque las dos culturas disfrutan mucho del pescado fresco. El plato típico de Perú es el ceviche, ¡y en mi opinión se parece mucho a algunos platos deliciosos de Japón!

Mis padres mantienen el idioma y muchas tradiciones de su país. Es muy bonito celebrar fiestas típicas japonesas, como el Día de los Niños y el Día de las Niñas. Yo nací en Perú y siento que soy peruano, pero estoy orgulloso de mi herencia japonesa".

El rincón del deporte

El barrio de La Boca en Buenos Aires, Argentina, está junto al puerto. Tradicionalmente, es un barrio de inmigrantes, donde se hablan muchos idiomas. El club de fútbol local se llama Boca Juniors y es uno de los más famosos del mundo. En 1907, el club buscaba los colores para crear su identidad. Los responsables del club decidieron usar los colores del primer barco en llegar al puerto de Buenos Aires. Fue un barco con bandera sueca y, desde entonces, los colores del club son el amarillo y el azul.

Los fans del Boca Juniors, durante un partido.

2 **Contesta verdadero (V) o falso (F).**

a La Plaza de las Tres Culturas está en el lugar de una batalla. V F

b El Carnaval es una fiesta donde se come mucho. V F

c Los peruano-japoneses solo hablan español. V F

d Los árabes vivieron muchos años en España. V F

e Los colores del Boca Juniors son los de la bandera suiza. V F

3 **Responde a las preguntas.**

a ¿En tu país conviven o han convivido en algún momento diferentes culturas? ¿Cuáles y cuándo?

b ¿En qué notas la influencia de otras culturas en la de tu país?

c ¿Existe algún tipo de influencia hispana actualmente en tu país?

d ¿Piensas que es importante mantener la herencia cultural? ¿Por qué?

e ¿Se usa en tu idioma alguna palabra de origen español? Di un ejemplo.

HISTORIA | Al-Ándalus

Los árabes vivieron en España durante 800 años, entre 711 y 1492. Durante ese tiempo, la región se llamó Al-Ándalus. Por eso, la cultura española tiene mucha influencia de la árabe, en el idioma, la cocina y las tradiciones. La Alhambra, un palacio en la ciudad de Granada, en el sur de España, es un símbolo de la herencia árabe en territorio español.

Detalle del edificio de La Alhambra, en España.

Cuaderno de ejercicios p. 27 y 28

Actividades interactivas

Érase una vez... LITERATURA

1 **Lee la biografía de este escritor español.**

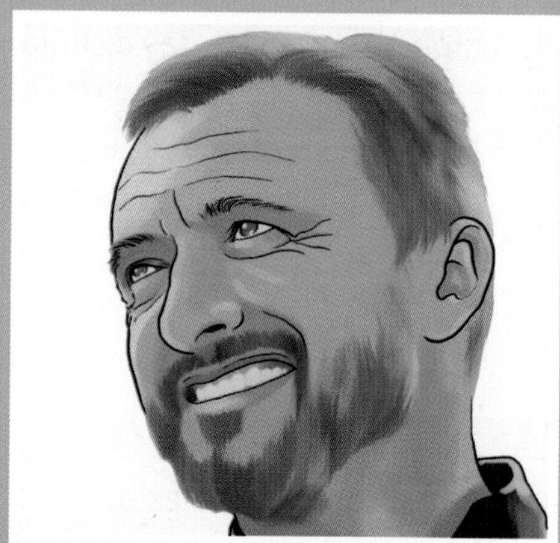

Arturo Pérez-Reverte

Arturo Pérez-Reverte es uno de los escritores españoles más leídos y más traducidos. Nació en Cartagena (España) en 1951. Desde 1973 hasta 1994, trabajó como corresponsal de guerra para prensa, radio y televisión. Es un escritor muy premiado tanto nacional como internacionalmente por su labor artística y periodística. Entre otros premios, recibió en 1993 el Príncipe de Asturias de Periodismo, por su trabajo como periodista para TVE en la guerra de la antigua Yugoslavia. En 1998 fue nombrado Caballero de la Orden de las Letras y las Artes de Francia y en 2003 ingresó en la Real Academia de la Lengua Española.

Pérez-Reverte es autor de numerosas novelas de éxito, algunas de las más conocidas son: *El club Dumas*, novela en la que se basó la película *La novena puerta* (1999) del director Roman Polanski, y protagonizada por Johnny Depp; y *Las aventuras del capitán Alatriste*, a quien dio vida en la gran pantalla Viggo Mortensen, en la película llamada *Alatriste* (2006), dirigida por Agustín Díaz Yanes.

Las aventuras del capitán Alatriste es quizás su obra más famosa. Son siete libros que cuentan la historia de Diego Alatriste, un antiguo soldado de la España imperial del siglo XVII y su joven ayudante Íñigo Balboa. Los dos juntos viven apasionantes aventuras de luchas, traiciones, amistad, lealtad y amor en un Madrid oscuro y lleno de peligros.

(Adaptado de *http://www.perezreverte.com/biografia*)

2 **Escribe las preguntas para estas respuestas.**

a .... → En Cartagena.

b .... → 21 años.

c .... → En 2003.

d .... *La novena puerta?* → En *El club Dumas*.

e .... → Agustín Díaz Yanes.

3 **Vas a leer y a escuchar un fragmento de su obra *Las aventuras del capitán Alatriste*. Antes, elige...**

1 Un espadachín es...
- a una persona que usa bien la espada.
- b un tipo de espada.

2 Un soldado es...
- a cada una de las personas que forman un ejército.
- b una persona que forma parte del ejército y tiene el grado inferior.

3 La herencia es...
- a el conjunto de objetos (dinero, joyas, propiedades, etc.) que una persona deja a otras cuando muere.
- b el oro, el dinero y las joyas que buscan los piratas.

15 **4 Lee y escucha.**

Las aventuras del capitán Alatriste

No era el hombre más honesto ni el más piadoso, pero era un hombre valiente. Se llamaba Diego Alatriste y Tenorio, y había luchado como soldado en las guerras de Flandes. Cuando lo conocí, malvivía en Madrid, prestando sus servicios como espadachín por cuatro monedas a otros que no tenían la destreza para solucionar sus propios asuntos. [...] Ahora es fácil criticar eso; pero en aquellos tiempos la capital de las Españas era un lugar donde la vida había que buscársela de cualquier forma. [...]

El capitán Alatriste, por lo tanto, vivía de su espada. Hasta donde yo alcanzo, lo de capitán era más un apodo que un grado real. Una noche tuvo que cruzar, con otros veintinueve compañeros y un capitán [...], un río helado, con la espada entre los dientes y solo con una camisa a fin de confundirse con la nieve, para sorprender al ejército holandés, que era el enemigo de entonces porque pretendían proclamarse independientes. [...]

Solo dos soldados españoles consiguieron regresar a la otra orilla cuando llegó la noche. Diego Alatriste era uno de ellos, y como durante toda la jornada había mandado sobre la tropa –al capitán de verdad lo mataron–, se le quedó el mote. [...]

Mi padre fue el otro soldado español que regresó aquella noche. Se llamaba Lope Balboa y también era un hombre valiente. Dicen que Diego Alatriste y él fueron muy buenos amigos, casi como hermanos; y debe ser cierto porque después, cuando a mi padre lo mataron, le juró ocuparse de mí. Esa es la razón de que, a punto de cumplir los trece años, mi madre me mandó a vivir con el capitán. Así fue como entré a servir al amigo de mi padre.

(Adaptado de *Las aventuras del capitán Alatriste*, Arturo Pérez-Reverte, 1996)

5 Contesta a las siguientes preguntas.

a ¿En qué trabajaba Diego Alatriste en Madrid? ➔ ....

b ¿Por qué tiene el apodo de "capitán"? ➔ ....

....

c ¿Quién es el narrador de la historia? ➔ ....

d ¿Por qué fue a vivir con Diego Alatriste? ➔ ....

....

6 Habla con tu compañero/a. ¿Cómo te imaginas al capitán Alatriste?

Actividades interactivas 

Prueba de expresión e interacción escritas

1 **Observa las fotos y escribe un texto (70-80 palabras) para un blog de internet sobre las vacaciones. Di dónde has estado, con quién, qué has visto y cómo te lo has pasado.**

Prueba de comprensión auditiva

16 **2** **Vas a escuchar dos veces cuatro anuncios de radio. Elige la opción correcta.**

1 El programa de radio...
- a va a entrevistar a dos actores.
- b va a entrevistar a una actriz.
- c va a entrevistar a Paula Vargas.

2 El anuncio dice que...
- a las blusas y los vestidos cuestan 15€.
- b los vestidos y los pantalones tienen diferentes precios.
- c todos los vestidos cuestan lo mismo que los pantalones.

3 El partido...
- a es una final de un campeonato.
- b lo retransmiten dos hombres.
- c se juega a las ocho de la tarde.

4 Si vas a Óptica Buenavista...
- a te llevarás dos regalos.
- b te regalan un viaje si compras dos pares de gafas.
- c te regalan unas gafas de sol si te compras dos pares de gafas.

Cuaderno de ejercicios p. 29 y 30  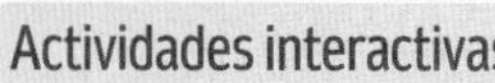 Actividades interactivas 

EVALUACIÓN

1 Completa con los marcadores temporales más adecuados.

_/5
a Juan y Anabel se conocieron en julio y □l □a□□ d□ dos años empezaron a salir.
b Patricia vivió en Barcelona □□□□□ 2001 □□□□□ 2007.
c Javier fue a un campamento □□□□□□□□ el verano.
d Mi tía se casó muy joven, se divorció y □ □□□ dos años se volvió a casar.
e Mi hermano se graduó en 2006 y dos años □□□□□□□□ estudió un máster.

2 Marca en qué frases *volver* tiene significado de repetición.

_/4
a Me dejé la carpeta olvidada en la clase y volví a buscarla.
b Ayer volví a dejarme olvidada la carpeta en clase.
c Anoche los vecinos de arriba volvieron a hacer una fiesta.
d Anoche los vecinos de arriba volvieron a casa muy tarde.

3 Completa conjugando los verbos entre paréntesis en pretérito indefinido.

_/6
a Dicen que las pirámides de Egipto las .... (construir) los extraterretres.
b Los Reyes Católicos .... (casarse) en 1469 y .... (reinar) desde 1474 hasta 1516.
c He leído que Elvis Presley en realidad nunca .... (morir) y vive en algún lugar escondido.
d Dicen que Newton .... (descubrir) la ley de la gravedad cuando se le .... (caer) una manzana en la cabeza.

4 Escribe el verbo relacionado con los momentos de una persona debajo de cada imagen.

_/3

a .... b .... c ....

5 Escribe la palabra relacionada con los momentos históricos para cada definición.

_/4
a Lo puede hacer un rey o un político. ➜ ....
b Cada una de las luchas que se hacen dentro de un conflicto armado. ➜ ....
c Ver o encontrar algo por primera vez. ➜ ....
d Entrar en un país por la fuerza de forma inesperada. ➜ ....

Ahora soy capaz de...

a ...hablar de acontecimientos en el pasado. Sí No
b ...contar la biografía de un personaje histórico. Sí No
c ...hablar de algunos momentos históricos. Sí No
d ...puntuar un texto en español. Sí No

Ahora comprueba

17 **1** **Vas a escuchar a cuatro personas explicando sus viajes. Completa el cuadro.**

	¿Con quién fue?	¿Dónde?	¿Cuándo?	¿Qué hizo?	¿Lo pasó bien?
Pepe					
Ana					
Iván					
Eva					

17 **2** **Vuelve a escuchar y escribe todos los superlativos absolutos que oigas.**

a ....
b ....
c ....
d ....
e ....
f ....
g ....

3 **Relaciona las dos columnas y completa con los pronombres de objeto directo e indirecto correspondientes.**

1 Ana compró una torre Eiffel de plata y...
2 Mi abuela tiene muchas fotos de cuando estuvo en Ibiza y siempre que vamos a su casa...
3 Pepe dice que comió insectos fritos,...
4 La tía de Iván es muy pesada, las historias...

a .... enseña.
b .... regaló a su madre.
c .... contaba una y otra vez.
d .... sirvieron en un restaurante.

4 **Vas a leer un texto de la página web de un aventurero muy famoso en España. Completa los espacios con el verbo en pretérito perfecto.**

Mi pasión nació en mi tierra, en el corazón de los Picos de Europa; y **a** .... (desarrollarse) especialmente en el Himalaya. A Nepal, donde **b** .... (ser) guía de montaña durante más de 16 años, ¡**c** .... (viajar) más de 40 veces! A mis expediciones más importantes, como la del Everest en 2005, empecé a llevarme una cámara y a grabar. Con ese material se inició *Desafío extremo*, que **d** .... (convertirse) en un programa de éxito y va ya por su tercera temporada. Enseguida empezó a acompañarme Emilio Valdés, amigo y alpinista, que registra con su cámara todo lo que nos pasa. Como **e** .... (vosotros, poder) ver en temporadas anteriores de *Desafío extremo*, **f** .... (culminar) los picos más altos de cada continente: Elbrus, Everest, Pirámide de Carstenz, McKinley, Vinson y Aconcagua. **g** .... (Llegar) a la cima, además, de otros dos ochomiles, el Cho Oyu y el Lhotse, y **h** .... (alcanzar) el Polo Norte. Además de la montaña, me apasionan las motos, y **i** .... (ir) en dos ocasiones al *rally* de los Faraones, en Egipto. También me gusta volar y soy piloto de avionetas. Últimamente **j** .... (empezar) a practicar el submarinismo, un deporte lleno de adrenalina que te permite conocer la extraordinaria vida marina. Esa no es mi especialidad y, de momento, siempre me **k** .... (acompañar) y me **l** .... (ayudar) mis amigos que son expertos submarinistas.

(Adaptado de *www.jesuscalleja.es*)

5 **Completa el texto sobre una aventurera española conjugando los verbos entre paréntesis en pretérito indefinido y añadiendo las palabras del recuadro.**

entonces ▪ nadie ▪ de adolescente ▪ allí ▪ porque
en 1635 ▪ 1607 ▪ años más tarde

Doña Catalina de Erauso **1** .... (nacer) en San Sebastián, España, en 1592. **2** .... sus padres la **3** .... (meter) en un convento, pero en **4** .... **5** .... (escaparse) **6** .... no soportaba la vida de religiosa. **7** .... (Disfrazarse) de hombre y **8** .... (irse) en un barco rumbo a América. **9** ...., **10** .... (luchar) como soldado por la conquista de Chile. **11** .... (Ser) tan valiente que la **12** .... (nombrar) alférez. **13** .... **14** .... (descubrir) que era una mujer hasta que en 1624, durante un duelo, la **15** .... (herir), y no **16** .... (tener) más opción que confesarlo. **17** ...., inmediatamente, **18** .... (regresar) a España para recuperarse y el rey Felipe IV le **19** .... (dar) una recompensa por su valentía. **20** ...., **21** .... (volverse) a vestir de hombre y **22** .... (viajar) de nuevo a América. **23** .... (Morir) **24** .... en Veracruz, México.

6 **Ahora contesta a estas preguntas sobre el texto anterior.**

a ¿De dónde se escapó Catalina? ....

b "Convento" significa... ☐ la casa donde viven los religiosos. ....
☐ prisión. ....

c "Disfrazarse" significa... ☐ vestirse para parecer otra cosa. ....
☐ vestirse bien. ....

d ¿Por qué Catalina confesó que era una mujer? ....

e ¿Cuántas veces fue Catalina a América? ....

7 **Escribe un texto (100 palabras) sobre tu mejor viaje: dónde y cuándo fuiste, con quién, qué hiciste y cómo te lo pasaste.**

8 **Ahora cuéntale lo que has escrito a tu compañero/a y añade dos mentiras. Tu compañero/a tendrá que adivinarlas.**

¡QUÉ CURIOSO!

Comunicación
- Hablar de hechos curiosos y contar anécdotas
- Describir experiencias personales

Vocabulario
- Los jóvenes y el tiempo libre
- Curiosidades

Gramática
- Contraste pretérito perfecto e indefinido
- Los pronombres y adjetivos indefinidos

Pronunciación y ortografía
- Las mayúsculas

Sesión de cine
- *Esther, la bailarina*

Cultura
- Historias maravillosas

Literatura
- *Llueve en Madrid*, de María Martín Serrano
- *¿Por qué los españoles comen tan tarde?*

1 Observa la imagen y contesta a las preguntas.

a ¿Qué tienen las chicas en la mano?
b ¿Crees que han visto una película o la van a ver?
c ¿Cuál es la última película que has visto tú?
d ¿Conoces alguna película de Penélope Cruz? ¿Cuál?

2 Relaciona las expresiones de tiempo con los momentos de la vida de Penélope Cruz.

durante su vida ▪ en los años ochenta ▪ en 2010 ▪ durante cuatro años
hasta ahora ▪ en 1974 ▪ este año ▪ desde los 5 hasta los 18

Nació **a** .... , en Madrid. **b** .... años estudió *ballet*. Sus primeros trabajos fueron **c** ...., con anuncios publicitarios, vídeos musicales, televisión... En 1991 empezó a trabajar en el cine y **d** .... no ha parado de hacer películas. **e** ...., de 2001 a 2004, fue novia de Tom Cruise, antes de ganar un Óscar.
f .... ha tenido que aprender varios idiomas, porque ha rodado películas en Italia, Francia, Estados Unidos... **g** .... se casó con Javier Bardem y un año después tuvo a su primer hijo.
h .... ha dicho que está en un momento muy feliz de su vida.

Penélope Cruz

Comenzamos con un diálogo

18 **3 Escucha el diálogo entre Irene y Paula y completa.**

Irene: Me apetece mucho ver esta película. Además, Penélope Cruz me encanta.
Paula: Pues ayer leí una a .... suya muy interesante.
Irene: ¡Ah! ¿Sí? Cuenta, cuenta...
Paula: ¿Sabías que se llama Penélope porque a sus padres les gustaba mucho una b .... que se titula así?
Irene: ¡Qué curioso! La verdad es que no es un nombre muy común. Me gusta, es c ...., aunque un poco largo...
Paula: Pues a su familia creo que también se lo parece porque la llaman Pe.
Irene: ¡Qué gracioso!
Paula: Y es una actriz muy preparada. Ha estudiado trece años de *ballet*, interpretación... ¡y habla cuatro d ....!
Irene: ¡Qué envidia! ¡Me encantaría poder hablar tantos idiomas!
Paula: A mí también. Y también leí que colabora con varias ONG. Incluso grabó una canción para un e .... benéfico. ¡Esta chica sabe hacer de todo!
Irene: Desde luego. Yo la he oído cantar en algunas f .... y lo hace muy bien. También hizo una serie de televisión de una escuela de baile.
Paula: ¡Pero si no era ella! Era su g .... pequeña, Mónica Cruz, que también es actriz y se parece un montón.
Irene: ¡No me digas! ¡Son idénticas!
Paula: Ya ves, incluso en una peli de la saga *Piratas del Caribe*, Mónica hizo de doble de su hermana.
Irene: Pues sí que se parecen: las dos son guapas, ricas, h ....…

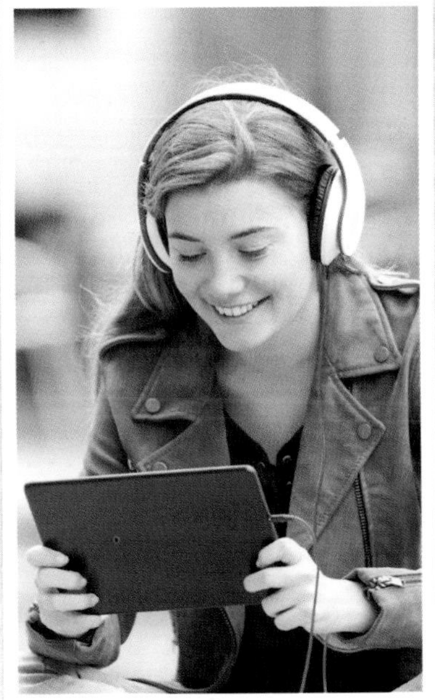

4 Completa las frases con la información del diálogo.

a .... hizo una serie sobre una academia de baile.
b Las dos hermanas se parecen ....
c Penélope colaboró en un ....
d Mónica fue .... de su hermana en una película.

5 Aquí tienes algunas preguntas de la entrevista que leyó Paula. Imagina que eres Penélope Cruz y escribe las respuestas en tu cuaderno. Después, compáralas con tu compañero/a.

a Penélope no es un nombre muy común, ¿por qué te lo pusieron?
b ¿Tu familia te llama de alguna forma especial? ¿Por qué?
c ¿Es verdad que te gusta mucho cantar y bailar?
d ¿Cómo es la relación con tu hermana?
e ¿Es cierto que realizas acciones solidarias?
f ¿Hablas idiomas?

6 Tu compañero/a es un personaje famoso. Preparad una entrevista hablando sobre los siguientes temas.

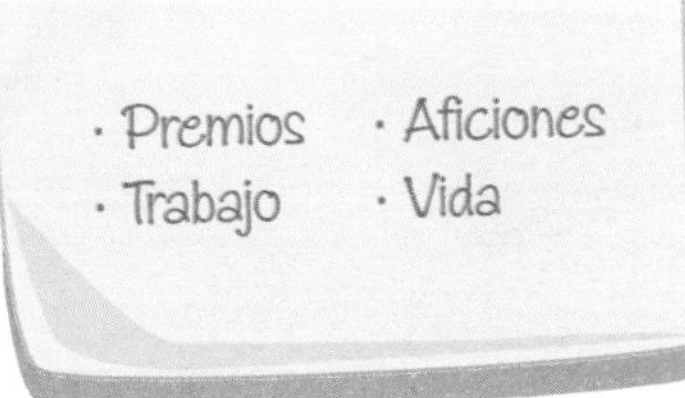

Actividades interactivas

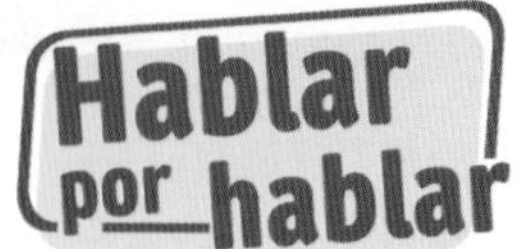

COMUNICACIÓN

HABLAR DE HECHOS CURIOSOS Y CONTAR ANÉCDOTAS

- Para **contar anécdotas** o **curiosidades**:

  – ¿Sabías que...? – Cuentan que...
  – Dicen que... – ¿Sabes...?

- Para **reaccionar** o mostrar **interés**:

  – Cuenta, cuenta... – ¿De verdad?
  – ¡No me digas! – ¡Qué curioso!

▶ *¿**Sabes** cuál es el insecto que puede saltar más?*
▷ *No, **cuenta, cuenta**...*
▶ *La pulga, puede saltar 200 veces su propia altura.*
▷ *¡**Qué curioso**!*

19 **1 Completa los diálogos y relaciónalos con las imágenes que aparecen a la derecha. Después, escucha y comprueba.**

de verdad ▪ cuenta, cuenta ▪ qué curioso
sabías que ▪ cuentan que ▪ sabes

Diálogo A

▶ ¿**1** .... el Chupa Chups lo inventó un español?
▷ ¿**2** ....?
▶ Sí, se llamaba Enric Bernat y tuvo la idea de colocarle un palo a un caramelo porque veía que los niños se manchaban las manos. Se hizo tan popular que hoy en día podemos encontrarlo en cualquier parte del mundo.

1 

Diálogo B

▶ ¿**3** .... cuál es el origen de la siesta?
▷ No, **4** ....
▶ Pues se trata de una antigua norma de guardar reposo y silencio después de la sexta hora latina (nuestro mediodía), al ser la hora de más calor. Por eso, entre las tres y las cinco de la tarde, no está bien visto en España llamar a nadie por teléfono.

2 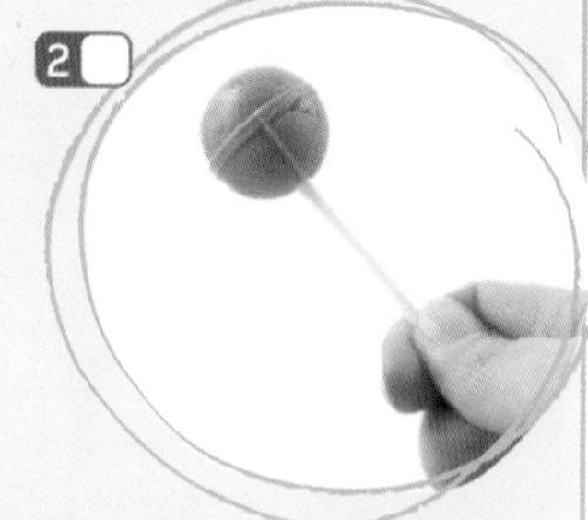

Diálogo C

▶ ¿Sabes qué es un botijo?
▷ ¿Un botijo? No, cuenta, cuenta...
▶ Es un recipiente de barro cocido que sirve para contener agua; y si lo colocas al sol, la enfría.
▷ ¡**5** ....!
▶ Sí, **6** .... procede del tiempo en el que los romanos dominaban la península ibérica.

3 

2 Fíjate en las imágenes y cuenta una anécdota a tu compañero/a. Él/ella tiene que reaccionar.

Alumno A

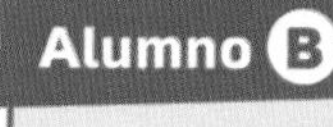

Cuaderno de ejercicios p. 31

DESCRIBIR EXPERIENCIAS PERSONALES

– *¿Has estado **alguna vez** en España?*

Para responder afirmativamente

- ***Sí**, (he estado) **muchas veces/varias veces/dos veces/una vez**...*
- ***Sí**, (he nadado con delfines) **muchas veces**.*

• Cuando ya hemos realizado una acción:

- ***Ya** he estado/nadado.*
- ***Ya** he comido.*

– *¿Has nadado **alguna vez** con delfines?*

Para responder negativamente

- ***No**, (no he estado) **nunca**.*
- ***No**, (no he nadado con delfines) **nunca**.*

• Cuando tenemos intención de hacer algo pero aún no lo hemos hecho:

- ***Todavía/Aún no** he estado/nadado.*
- ***Todavía/Aún no** he comido.*

En español los adverbios *ya, todavía, aún no* preceden o siguen al pretérito perfecto; pero nunca van entre el auxiliar y el participio:

– ***Ya** he nadado con delfines.*
– *He nadado **ya** con delfines.*

He ~~ya nadado~~ con delfines.

3 **¿Cuáles de las siguientes cosas has hecho? Habla con tu compañero/a. En caso afirmativo di cuántas veces, y en caso negativo puedes usar *nunca* o *todavía no*.**

Ir a un concierto.

Plantar un árbol.

Aprender a tocar un instrumento.

Tener una mascota.

Ir a una discoteca.

Escalar una montaña.

Cruzar el Atlántico.

Hacer un viaje sin los padres.

Hacer submarinismo.

Viajar en barco.

Ganar un premio.

Enamorarse.

4 **¿Tenéis algo en común? ¿Qué es lo que más te sorprende de tu compañero/a?**

5 **Piensa en tres cosas originales que has hecho en tu vida. Después, cuéntaselas a tu compañero/a y pregúntale si él/ella también las ha hecho.**

1 

2 

3 

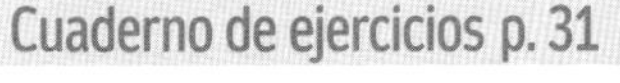
Cuaderno de ejercicios p. 31

Actividades interactivas 

VOCABULARIO

Los jóvenes y el tiempo libre

1 Lee y completa.

teléfono ▪ videojuegos ▪ televisión ▪ WhatsApp
juegos de mesa ▪ ordenador ▪ Facebook e Instagram
▪ culturales ▪ internet ▪ hacer deporte

Un reciente estudio realizado a los jóvenes españoles de entre 15 y 18 años sobre sus prioridades en la vida concluye que el tiempo libre es una de sus prioridades y son la primera generación de españoles que dedica más tiempo a **a** .... que a la televisión. Los **b** .... son otro de sus pasatiempos.
Las actividades que más practican son: usar el **c** ...., escuchar música o la radio, salir o reunirse con amigos y ver la **d** .... En segundo lugar se sitúan actividades como ir a bailar, **e** ...., asistir a conciertos o leer libros.
En último lugar se encuentran actividades como visitar museos o exposiciones, colaborar con una ONG o asistir a conferencias. Atrás quedaron algunos de los más populares **f** .... de otros tiempos como el parchís, la oca o las cartas.
En general, lo que más les gusta es salir del entorno familiar y estar con los amigos, ya sea presencialmente o mediante redes sociales como **g** ....; y lo que menos practican son las actividades **h** ...., porque las consideran actividades escolares y no de ocio.
Lo que más diferencia a los nuevos adolescentes es el uso de las nuevas tecnologías, principalmente las interactivas, motivo por el que internet y el **i** .... móvil están desplazando a la televisión, y **j** ...., al correo electrónico.
Pero, aunque la adolescencia tiene mala fama y algunas personas dicen que los jóvenes no tienen principios ni control, según el psiquiatra español Luis Rojas Marcos, la mayoría de ellos son bondadosos, curiosos, inquietos y altruistas.

2 Completa con palabras del texto.

Juegos de mesa	Nuevas tecnologías (actividades)
dominó, trivial,	*chatear,*

Actividades al aire libre	Actividades educativas o solidarias
montar a caballo, rafting,	*talleres, rehabilitación de casas,*

3 Contesta a las siguientes preguntas y coméntalas con tu compañero/a.

a ¿Te sientes identificado con el texto? ¿Por qué?
b ¿Cuáles son tus hábitos de tiempo libre?
c ¿Se parecen los jóvenes españoles y los de tu país? ¿En qué sí y en qué no?

Cuaderno de ejercicios p. 32

4 **Relaciona cada palabra con su definición.**

1 inventar •
2 desembarcar •
3 creador •
4 conseguir •
5 pico •
6 lograr •

• a Llegar a un lugar en barco con la intención de iniciar una actividad.
• b Sinónimo de conseguir y alcanzar.
• c Alcanzar lo que se pretende o desea.
• d Cumbre, punto más alto de una montaña.
• e Persona que hace algo nuevo o encuentra una nueva manera de hacer algo.
• f Idear algo nuevo artística o intelectualmente.

5 **Comprueba las respuestas del ejercicio 4 leyendo las siguientes preguntas.**

a ¿Sabes con qué otro nombre se conoció al **creador** del *Quijote*, Miguel de Cervantes?
b ¿Con el gol de qué futbolista **consiguió** la selección española de fútbol ganar el Mundial de Sudáfrica? ¿Contra qué otra selección jugaban?
c ¿Qué actor español de fama internacional **ha logrado** ganar un Óscar? ¿Con qué película?
d ¿Sabes quién **inventó** el submarino?
e ¿Sabes cuál es el **pico** más alto de la península ibérica y dónde se encuentra?
f ¿Qué pueblo **desembarcó** en la localidad de Ampurias en el 218 a.C., iniciando la dominación de la península ibérica?

20 **6** **Escribe en estas tarjetas de Trivial la letra de la pregunta del ejercicio 5 que le corresponda según su categoría. ¿Sabes las respuestas? Juega con tu compañero/a. Después, escucha y comprueba.**

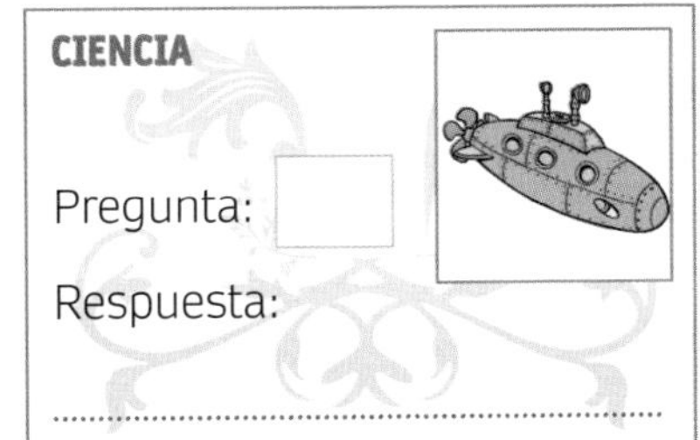

Cuaderno de ejercicios p. 33 Actividades interactivas 

Paso a paso GRAMÁTICA

CONTRASTE PRETÉRITO PERFECTO E INDEFINIDO

- El **pretérito perfecto** se usa para hablar de:
  - acciones terminadas en un periodo de tiempo no acabado:
    - *Este año **he viajado** mucho.*
    - *Esta mañana **he desayunado**.* (El año y la mañana todavía no han terminado)
  - acciones terminadas que tienen relación con el presente:
    - *No puedo **entrar** porque he perdido la llave.*
  - acciones terminadas en un pasado no concreto:
    - *Yo ya **he visitado** tres teatros romanos.*
  - **Expresiones temporales** que se usan con el **pretérito perfecto**:
    - *Esta tarde/mañana/semana/primavera...*
    - *Este fin de semana/año/invierno...*
    - *Hoy...*
    - *Ya/Todavía no/Nunca...*
    - *Hace un rato/cinco minutos...*

- El **pretérito indefinido** se usa para hablar de:
  - acciones terminadas en un periodo de tiempo acabado:
    - *Ayer **vimos** una peli muy buena.*
    - *El otro día no **fui** a clase.*
  - acciones que no tienen relación con el presente:
    - *En marzo **viajé** a Bélgica.*

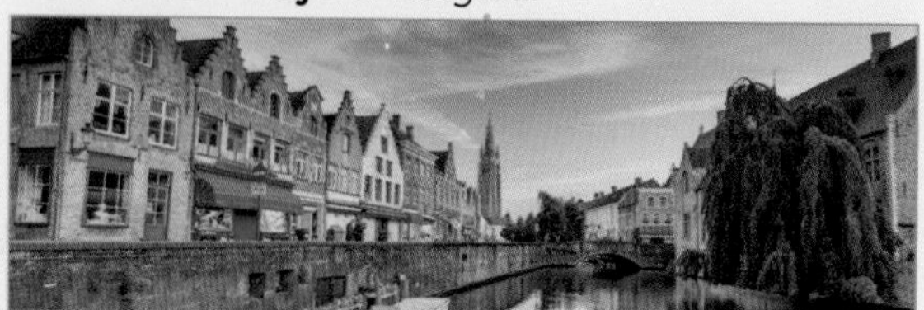

  - **Expresiones temporales** que se usan con el **pretérito indefinido**:
    - *La semana/primavera... pasada*
    - *El fin de semana/año/mes... pasado*
    - *Hace tres días/dos años...*
    - *Ayer/Anteayer/El otro día...*
    - *En verano/otoño/1980...*

Videogramas

1 Señala el tiempo verbal correcto.

a Esta tarde **han dado** / **dieron** en la tele un reportaje sobre inventos de la Historia.

b Yo nunca **he estado** / **estuve** en España pero sí **he estado** / **estuve** en Portugal.

c Ayer **hemos tenido** / **tuvimos** clase de Matemáticas y hoy **hemos tenido** / **tuvimos** de Literatura.

d Tengo un examen la semana que viene y todavía no **he empezado** / **empecé** a estudiar.

e ▸ El otro día **he visto** / **vi** a Luis y lo encontré un poco raro. ¿Sabes si le pasa algo?

D No, yo lo **he visto** / **vi** hace un rato y estaba como siempre.

f En verano **hemos ido** / **fuimos** de vacaciones a Menorca.

2 Di qué frases son incorrectas y corrígelas.

a Hace dos días fui a un concierto y me lo pasé genial. ➔ ....

b Hace cinco minutos llamé a mi amigo Luis por teléfono. ➔ ....

c El finde pasado he ido a la montaña. ➔ ....

d Todavía no he hecho los deberes de Matemáticas. ➔ ....

Cuaderno de ejercicios p. 33 a 38

LOS PRONOMBRES Y ADJETIVOS INDEFINIDOS

- Los indefinidos se usan para referirse a personas o cosas de un modo general. Algunos indefinidos funcionan como pronombres y son invariables.

Pronombres

personas	cosas
alguien **nadie**	**algo** **nada**
◗ *¿**Alguien** ha visto mi libro de mates?* ◗ *No, **nadie**.*	◗ *¿Quieres **algo** de comer?* ◗ *No quiero **nada**, gracias.*

> Estos pronombres pueden ir seguidos de un adjetivo, que será siempre masculino singular:
> – *¿Hay **alguien** dispuest**o** a hablar con el profe en nombre de la clase?*

- Algunos indefinidos tienen función de pronombre y de adjetivo y se usan para hablar de cosas y de personas. Concuerdan en género y número con el sustantivo al que acompañan o sustituyen.

Pronombres	Adjetivos
personas y cosas	personas y cosas
alguno/a/os/as **ninguno/a**	**algún/a/os/as** **ningún/a/os/as**
– *¿Algún chico es de Francia? **Ninguno**.* – ***Algunos** de mis amigos hablan francés.*	– *No hay **ningún** chico de Francia.* – *Tengo **algunos** libros que te van a gustar.*

> - *Algún* y *ningún* se usan delante de un sustantivo masculino singular:
>   – *¿Ves **algún** coche?*
> - Cuando en la frase aparece otro elemento negativo, *nada*, *nadie*, *ningún*, *ninguno/a* van después del verbo:
>   – ***Ningún** amigo le llamó.* → ***No** le llamó **ningún** amigo.*

Ver **Apéndice gramatical** p. 120 Videogramas

3 **Completa los siguientes diálogos con los pronombres *alguien*, *nadie*, *algo* o *nada*.**

a ◗ ¿Qué tal llevas el examen?
  ◗ Fatal, no he estudiado ...., porque ayer me encontraba fatal.

b ◗ Me voy al supermercado, ¿quieres que te traiga ....?
  ◗ No, no necesito ...., gracias.

c ◗ ¿................................... ha visto a Marta? Tengo que decirle .... muy importante.
  ◗ No, ... la ha visto.

4 **Completa con *ningún*, *ninguno*, *ninguna*, *algún*, *alguno* o *alguna*. Después, di si funcionan como pronombres (P) o adjetivos (A).**

a ◗ ¿No hay .... tren para Murcia? (P) (A)
  ◗ Seguro que hay .... (P) (A)

b No conozco a .... chica rusa en este instituto. (P) (A)

c ¿................................... de vosotras tiene hambre? (P) (A)

d ◗ ¿Tienes .... libro de Historia del Arte? (P) (A)
  ◗ Yo no tengo .... (P) (A)

Cuaderno de ejercicios p. 39 Actividades interactivas

Suena bien PRONUNCIACIÓN Y ORTOGRAFÍA

Las mayúsculas

1 Relaciona cada uso de las mayúsculas con su ejemplo.

1 Los nombres propios.
2 Los nombres de asignaturas.
3 Los acontecimientos históricos.
4 Los periodos de la historia.
5 Las fiestas religiosas.
6 Las abreviaturas de tratamiento.
7 Las siglas.
8 Después de punto.
9 Después de puntos suspensivos, si funcionan como punto.
10 Después de dos puntos, si se trata de un inciso o cita.
11 Después de signo de interrogación o exclamación.

a Estudio 3.º de la ESO.
b En Semana Santa vamos a esquiar.
c Ayer me llamó María.
d La Edad Media me parece fascinante.
e ¡Qué bonito! ¿Quién te lo ha regalado?
f La Revolución francesa fue muy importante para el mundo.
g El Dr. Hernández le está esperando.
h Mis aficiones son leer, tocar el piano, pintar... Me gusta mucho el arte.
i Tengo un examen de Matemáticas.
j El profesor dijo: "Hay que ir a la biblioteca".
k Parece que va a llover. Voy a coger el paraguas.

2 Pon mayúsculas donde sea necesario.

Mensaje nuevo

De: saraMS@gmail.com **Para:** anaJimenez@hotmail.com

hola, ana:

¡el cumple fue genial! te cuento: el sábado las chicas me hicieron una fiesta sorpresa. me llevaron a port aventura. a las 9:00 vinieron a mi casa y me dijeron: "sara, ¿no te acuerdas de que hoy tenemos partido? ¡te estamos esperando! como yo soy tan despistada... no me sorprendió y me fui con ellas. luego cogimos el autobús que va al campo del salou f.c., (el mismo que va al parque de atracciones). seguro que estás pensando: "¡pero si el parque está siete paradas después del campo de fútbol! ¿cómo no te diste cuenta?". pues no, ¡soy un desastre! hasta que no llegamos a la entrada del parque no me di cuenta de nada. ¡qué pena que no pudiste estar con nosotras! ¡lo pasamos de miedo!

21 **3 Dictado.**

Cuaderno de ejercicios p. 40  Actividades interactivas

VÍDEO

Esther, la bailarina

SINOPSIS

Dos compañeros de clase caminan juntos por la calle y hablan sobre Esther, una compañera que es bailarina y ha participado en el *casting* para un programa de baile de la televisión. Uno de ellos sabe si la han seleccionado...

1 **Mira las imágenes y responde a las preguntas.**

- **a** ¿Dónde van estos chicos?
- **b** ¿Sobre qué están hablando?
- **c** ¿Crees que a alguno de ellos le gusta bailar?
- **d** ¿Quiénes son los chicos que están bailando en la foto de la derecha?
- **e** ¿Es una foto actual o antigua?

 **2** **Observa el vídeo y haz las actividades que te va a repartir tu profesor/a.**

Secuencia de vídeo   Actividades interactivas

Cultura

HISTORIAS MARAVILLOSAS

Chichén Itzá, México.

¿Sabías que...

1 Lee estas curiosidades sobre el mundo hispano. Después, relaciónalas con los recuadros.

1 En América, antes de llegar los españoles, existían más idiomas que en todo el resto del mundo.

2 En Jalisco, México, hay un árbol que se llama Mariachi. Con su madera se hacen guitarras. Por eso, los guitarristas de canciones tradicionales mexicanas se llaman mariachis.

3 Los dinosaurios se extinguieron hace más de 65 millones de años por un meteorito que cayó en la península de Yucatán.

4 Venezuela quiere decir "pequeña Venecia" y los españoles le pusieron este nombre al país porque las construcciones de los indígenas en el lago Maracaibo les recordaban a los canales de Venecia.

5 México significa "en el ombligo de la Luna". Su nombre está formado por la unión de las palabras *Metztli* (luna) y *xictli* (ombligo). Los aztecas pronunciaban "*Meshico*", así que los españoles lo escribieron con "x" porque antiguamente esta letra se pronunciaba como *shi*, es decir, que pronunciaban la palabra como en la lengua original y no como lo hacemos ahora, con el sonido "j". El sonido *shi* ahora no existe en español.

a **Curiosidad ☐:** Otra teoría dice que el nombre es autóctono, y correspondía al nombre que los indígenas daban a una zona.

b **Curiosidad ☐:** La "x" empezó a pronunciarse como "j" en el siglo XVII y muchas de las palabras que se escribían con "x" ahora se escriben con "j", excepto México, que se ha conservado por razones históricas.

c **Curiosidad ☐:** Existían más de 1 000 000.

d **Curiosidad ☐:** Las canciones se llaman rancheras.

e **Curiosidad ☐:** La Tierra estuvo varios meses en la oscuridad.

Historias curiosas de Hispanoamérica

Los países hispanoamericanos son ricos en tradiciones y en imaginación. Para explicar el origen del mundo y los fenómenos naturales, las culturas prehispánicas imaginaron historias maravillosas. En muchas de ellas, los animales de la región como el jaguar, el quetzal y la llama, son los protagonistas.

El jaguar es el felino más grande de América. Era un animal sagrado para las culturas precolombinas, ya que simbolizaba el poder y la fuerza. Es protagonista de muchas leyendas. Una de ellas cuenta que el jaguar saltó al cielo para agarrar el sol, pero el águila se lo quitó. Los dos animales pelearon y, al día siguiente, el jaguar despertó con manchas en la piel, resultado de las quemaduras del sol.

El quetzal es el pájaro nacional de Guatemala. Tiene plumas coloridas y una larga cola. En la época prehispánica, sus plumas eran tan valiosas que se usaban como moneda. Una de las leyendas dice que cuando los indios lucharon contra los conquistadores españoles hubo un río de sangre. El quetzal bajó de los árboles a mirar y parte de sus plumas verdes se volvieron rojas por la sangre.

La llama es un animal muy importante en la zona de los Andes. Está presente en la vida diaria: se usa para el transporte, por su lana y por su carne. Los antiguos habitantes de la región llamaron "Yakana" (*la llama*) a una de las constelaciones en la parte sur de la Vía Láctea. De acuerdo con la leyenda, Yakana vive en el cielo y el 28 de octubre (cuando la constelación está cerca del horizonte) baja la cabeza y bebe el océano.

El jaguar es un símbolo de fuerza y poder.

El quetzal es el pájaro nacional de Guatemala.

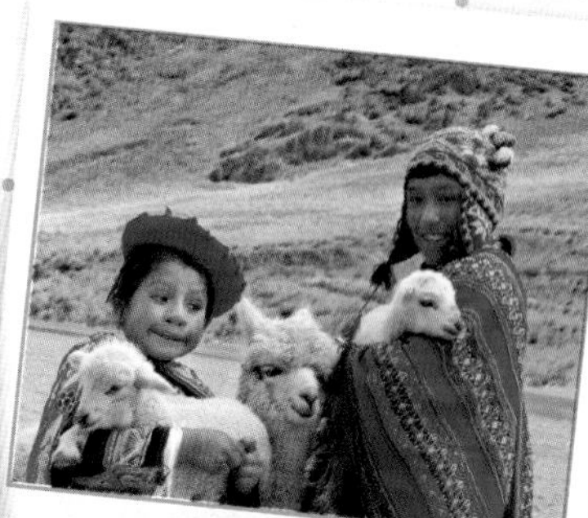

Dos niños andinos con llamas bebé.

MITOLOGÍA | LA LLORONA

El mito de la Llorona existe en muchos países hispanoamericanos. Algunos detalles son diferentes de acuerdo con la región, pero la historia es muy similar. La Llorona es, en teoría, el fantasma de una mujer llamada María. Después de una tragedia, María pierde a sus hijos. Desde entonces, va vestida de blanco y llorando de noche.

Una versión ilustrada del fantasma de la Llorona.

2 Indica si las siguientes afirmaciones son verdaderas (V) o falsas (F).

- **a** El quetzal se usa como medio de transporte. (V) (F)
- **b** La leyenda dice que el jaguar se quemó con el sol. (V) (F)
- **c** Los pueblos andinos prehispánicos veían una llama en el cielo. (V) (F)
- **d** El jaguar forma parte de la vida cotidiana de los habitantes de los Andes. (V) (F)
- **e** La Llorona existe solamente en México. (V) (F)

Cuaderno de ejercicios p. 41 

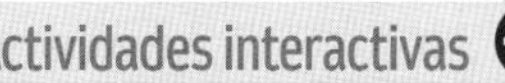

Actividades interactivas 

Érase una vez... LITERATURA

 **1** **Lee y escucha.**

Llueve en Madrid

Gonzalo cruza la plaza de Tirso de Molina y camina por Relatores hasta la calle Atocha. Da un paseo por la Puerta del Sol, llena de turistas, grupos de adolescentes, parejas de universitarios y algunos jubilados. Continúa su camino por Preciados, donde compra camisetas baratas, unas gafas de sol y algunos libros. Sube por la Gran Vía hasta Fuencarral y continúa su ruta por los barrios de Chueca y Malasaña. Entra en un café de la calle Libertad, casi vacío. Se sienta en una mesa y pide un té con leche y un vaso de agua. Empieza a leer uno de los libros que acaba de comprar. Poco después, una chica interrumpe su lectura.

–¿Te gusta Millás? Yo prefiero sus artículos, pero tiene algunas novelas que me encantan.

María Martín Serrano

2 **Imagina que el texto que has leído empieza con los dos marcadores que tienes a continuación. ¿Cómo cambiarían los verbos? Reescríbelos haciendo los cambios necesarios.**

a **Ayer** Gonzalo...

....

....

....

b **Esta mañana** Gonzalo.......................................

....

....

....

3 **Busca en un mapa de internet las calles y barrios citados en el texto y dibuja el camino que hace Gonzalo.**

4 **Con tu compañero/a, elige una de las dos versiones y dale un final a la historia.**

5 **A continuación, vas a leer un texto sobre los horarios de los españoles. Antes de leerlo, intenta decir si estas afirmaciones son verdaderas (V) o falsas (F).**

a Los españoles cenan a partir de las nueve de la noche. V F

b Los españoles comen antes de la una. V F

c Los españoles se acuestan temprano si tienen que ir a trabajar al día siguiente. V F

d Los españoles son los europeos que menos duermen. V F

6 **Lee el texto y comprueba tus respuestas de la actividad anterior.**

¿Por qué los españoles comen tan tarde?

En los años 60 había un eslogan para atraer a los turistas que decía: "*Spain is different*". En efecto, hay muchas cosas que diferencian España del resto de países y una de ellas es el horario de las comidas. Mientras que en el resto de Europa la gente normalmente come entre las doce y la una y cena entre las cinco y las ocho, en España se come entre la una y las cuatro y se cena entre las nueve y las once. Un dato curioso es que en España los programas de televisión de más audiencia empiezan a partir de las diez y nunca terminan antes de las doce. Como se cena tan tarde, los españoles son los últimos europeos en acostarse, pero se levantan, más o menos, a la misma hora que los demás. Por lo tanto, son los que menos duermen. Pero el horario de comidas no siempre ha sido así: en los años 30, los españoles comían a la misma hora que el resto de europeos, aunque se acostaban igual de tarde. Parece que acostarse más tarde de la medianoche siempre les ha gustado.

Con el horario "europeo" se aprovecha más la luz natural, indispensable para el trabajo en el campo. Con la guerra civil española, muchas personas se fueron a vivir a las ciudades y empezaron a trabajar en fábricas que tenían luz eléctrica, y las jornadas laborales se hicieron más largas. Además, con la difícil situación económica de la posguerra, algunas personas tuvieron que buscarse varios trabajos para poder subsistir. Por eso tuvieron que cambiar la distribución de las comidas durante el día, alargándolas en el tiempo.

Aunque el pluriempleo ya no es tan común actualmente, se sigue manteniendo el mismo horario, probablemente por el clima. En gran parte de España, en verano, empieza a anochecer a partir de las diez de la noche y, con el calor, a los españoles no les gusta salir de casa antes de las nueve de la noche. Por eso, la gente, aunque tiene que trabajar al día siguiente, aprovecha esa hora para salir a cenar fuera, pasear o hacer deporte.

Además, a las horas de más calor, entre las cuatro y las cinco de la tarde, si los españoles tienen la suerte de no estar trabajando, suelen dormir la siesta. Posiblemente esta es la explicación de por qué los españoles duermen la siesta, aunque este es otro tema...

7 **Contesta a las siguientes preguntas.**

a ¿Cuándo empezaron a cambiar los horarios en España? ....

b ¿Por qué? ....

c ¿A qué hora empieza a salir la gente por la noche en verano? ....

d ¿Crees que el clima influye en la forma de vida de la gente? ....

e Busca en el texto un sinónimo de "empleo". ....

f ¿A qué hora suele dormirse la siesta en España? ....

8 **Compara los horarios de España con los de tu país.**

	En España la gente...	En mi país la gente...
a se levanta...		
b come...		
c cena...		
d sale por la noche...		
e ve la tele...		
f se acuesta...		

9 **Habla con tu compañero/a y di qué ventajas y desventajas tiene el horario de cada país.**

Desventajas	Ventajas

Actividades interactivas 

Prueba de expresión e interacción escritas

1 **Has ido a un campamento de verano. Escribe una postal a un/a amigo/a (entre 70 y 80 palabras) contándole: dónde has estado, qué actividades has hecho, a quién has conocido, cómo te lo has pasado...**

Prueba de expresión e interacción orales

2 **Tienes que hablar durante 3 o 5 minutos sobre las actividades de tiempo libre que practicas. Las preguntas que te proponemos te pueden ayudar a preparar tu exposición.**

- ¿Cuántas horas a la semana dedicas a las actividades de ocio?
- ¿Cómo repartes esas horas durante la semana?
- ¿Qué actividades de tiempo libre practicas más? ¿Cuáles menos?
- ¿Con quién realizas esas actividades?
- ¿Cuáles crees que son las actividades más adecuadas para alguien de tu edad?
- ¿Hay alguna actividad que te gustaría practicar y aún no te dejan tus padres?

Cuaderno de ejercicios p. 41 y 42  Actividades interactivas

EVALUACIÓN

1 Completa las siguientes expresiones con las vocales que faltan.

.../6

a ¿S☐b☐☐s q☐☐...?

b C☐☐nt☐n q☐☐...

c ¡Q☐☐ c☐r☐☐s☐!

d ¡N☐ m☐ d☐g☐s!

e ¿D☐ v☐rd☐d?

f C☐☐nta, c☐☐nt☐...

2 Relaciona los usos del pretérito perfecto e indefinido con sus ejemplos.

.../4

1 Acciones terminadas en un periodo de tiempo no acabado. •
2 Experiencias sucedidas en un tiempo no concreto o general. •
3 Acciones terminadas en un periodo de tiempo acabado o no relacionado con el presente. •
4 Acciones que no hemos realizado pero que tenemos intención de realizar. •

• a Todavía no he estado en España.
• b Este año España ha ganado el Mundial de Fútbol.
• c Javier Bardem nació en Las Palmas de Gran Canaria en 1969.
• d Fernando Alonso ha ganado dos veces el campeonato del mundo de Fórmula 1.

3 Clasifica los siguientes marcadores con el tiempo verbal al que acompañan.

.../12

a esta tarde ▪ **b** anteayer ▪ **c** hoy ▪ **d** la semana pasada ▪ **e** todavía no ▪ **f** nunca
g el otro día ▪ **h** en 2003 ▪ **i** hace tres días ▪ **j** ayer ▪ **k** en julio ▪ **l** alguna vez

Pretérito perfecto ➔ a, ... Pretérito indefinido ➔ ....

4 Elige la opción correcta en cada caso.

.../5

a ¿Tienes **algún** / **alguno** libro de ciencia ficción?
b ¿**Ninguna** / **Ningún** clase tiene ordenadores?
c Mañana no va **nadie** / **alguien** a la fiesta.
d ▶ ¿Tienes algunos libros para dejarme?
▷ No, no tengo **ningunos** / **ninguno**.
e De mis amigas, **ningunas** / **ninguna** ha viajado fuera de Europa.

5 Escribe las mayúsculas necesarias.

.../4

a ¿dónde has estado? ¡te he estado esperando todo el día!
b a la fiesta han venido: mi primo pablo, sergio y carlos.
c el profesor de historia del arte siempre dice: "el arte es la historia del mundo".
d unicef lucha por los derechos de la infancia.

Ahora soy capaz de...

a ...hablar de experiencias personales. (Sí) (No)
b ...contar anécdotas y hechos curiosos. (Sí) (No)
c ...hablar de lo que hago en mi tiempo libre. (Sí) (No)
d ...escribir correctamente las mayúsculas en español. (Sí) (No)

Sigue practicando con...

Actividades interactivas

HABÍA UNA VEZ...

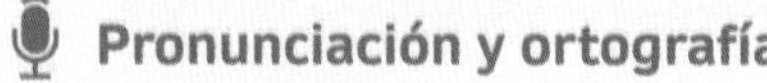

Comunicación
- Pedir disculpas y justificarse
- Aceptar disculpas

Vocabulario
- Los tipos de textos: cuentos, fábulas, anécdotas, noticias...

Gramática
- Contraste pretérito indefinido, imperfecto y perfecto
- *Soler* + infinitivo

Pronunciación y ortografía
- La tilde en interrogativos y exclamativos

Sesión de cine
- *El misterio del* pendrive

Cultura
- ¡Viva la música latina!

Literatura
- *Los amantes de Teruel*

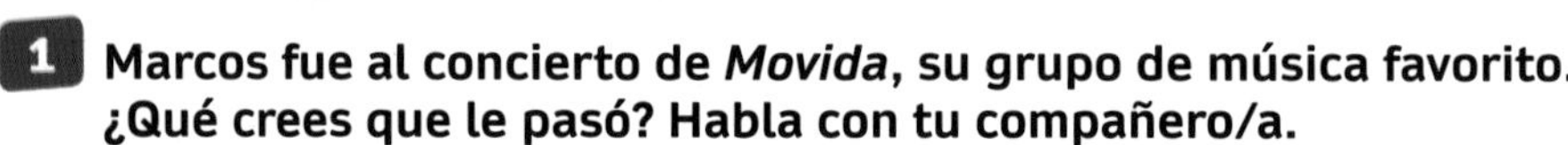

1 **Marcos fue al concierto de *Movida*, su grupo de música favorito. ¿Qué crees que le pasó? Habla con tu compañero/a.**

a Marcos era amigo de la cantante.
b La cantante invitó a Marcos a subir al escenario con ella.
c Marcos forma parte del grupo y toca en todos los conciertos.
d Marcos llevaba su guitarra por si acaso le pedían tocar con el grupo.

2 **Ordena las palabras para formar frases y saber qué pasó en el concierto.**

a de Movida / Marcos / en las Ventas. / fue al concierto ➜ ....

....

b lanzó su guitarra / La cantante / cogió. / al público / y Marcos la ➜ ....

....

c cogió la guitarra. / al escenario / porque / Marcos subió ➜ ....

....

d su canción / Marcos / favorita. / cantó con ellos ➜ ....

e la guitarra firmada. / El grupo / a Marcos / le regaló ➜ ....

....

23 **3** **Marcos le cuenta a su amiga Elena lo que le pasó en el concierto de Movida. Escucha y completa el diálogo.**

Marcos: ¿Has visto, Elena? ¡Salgo en el **a** ....!
Elena: ¿Sí? ¡¿Qué dices?!
Marcos: Mira, mira…
Elena: ¡Es verdad! Es el **b** .... de *Movida*, ¿no?
Marcos: Sí, estuvo genial. Pero lo mejor de todo fue lo que me pasó allí. ¡Ha sido la mejor **c** .... de mi vida!
Elena: ¿Qué te pasó?
Marcos: Pues resulta que **a mitad del** concierto la cantante **lanzó** su guitarra al **público** y dijo que, si una persona la cogía, iba a tener una **d** .... Yo no podía imaginar que esa persona iba a ser yo, pero cuando la lanzó, no sé, vino directamente hacia mí y ¡la cogí!
Elena: ¡Qué fuerte!
Marcos: Entonces la **e** .... dijo que la sorpresa era subir al **f** .... y cantar un **tema** con ellos.
Elena: ¡Qué **corte**!
Marcos: Pues la verdad es que al principio sí, pero después me olvidé de que había tanta gente mirándonos y solo pensaba en que estaba al lado ¡del **g** .... *Movida*! y que podía cantar con ellos. ¡Fue maravilloso!
Elena: Me lo imagino…
Marcos: Y además, después del concierto, me firmaron la guitarra, me la **h** .... y me hicieron una **i** .... que hoy sale en todos los periódicos. Mira, mira lo que pone en la guitarra: "Para Marcos, una joven promesa del *rock*".
Elena: ¡Qué pasada! ¡Esta sí es una **historia** para contársela a tus **j** ....!

4 **Busca un sinónimo de estas palabras entre las que aparecen resaltadas en el texto.**

a Anécdota ➡ ....
b Canción ➡ ....
c Vergüenza ➡ ....
d Tiró ➡ ....
e En medio del ➡ ....
f Espectadores ➡ ....

5 **Contesta a las siguientes preguntas.**

a ¿Por qué crees que Elena le dice a Marcos que es una historia para contar a los nietos?
....
b ¿Por qué dejó de pasar vergüenza Marcos?
....
c ¿Por qué crees que le escribieron en la guitarra a Marcos *Para una joven promesa del* rock?
....
d ¿Has vivido alguna experiencia parecida?
....

Actividades interactivas

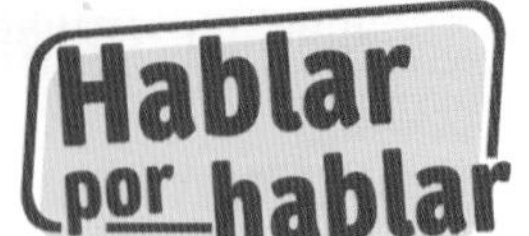

COMUNICACIÓN

PEDIR DISCULPAS Y JUSTIFICARSE

- Para **pedir disculpas** se usa:
  - Perdón.
  - Perdona (tú)/Perdone (usted).
  - Perdóname (tú)/Perdóneme (usted).
  - Lo siento (mucho/muchísimo/de verdad).
  - ¡Cuánto lo siento!
  - Siento (mucho)...
- Para **justificarse** al pedir disculpas usamos:
  - Es que...
  - No lo voy a volver a hacer más.
  - No va a volver a pasar.
  - Ha sido sin querer.
  - Yo no lo sabía.

– ***Perdón*** *por llegar tarde,* ***es que*** *el metro no funcionaba bien.*
– ***Perdóneme, ha sido sin querer.***
– ***Siento mucho*** *haber cogido tu móvil sin permiso.* ***No lo voy a volver a hacer más.***

1 **Relaciona las imágenes. Después, escribe qué crees que dicen los personajes para justificarse.**

a

b
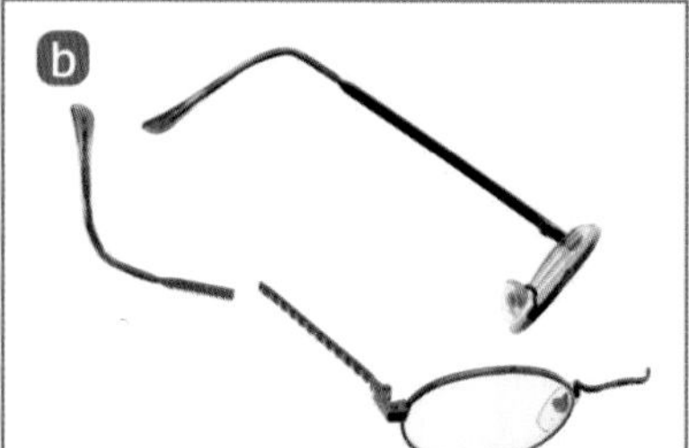

c

1

2

3
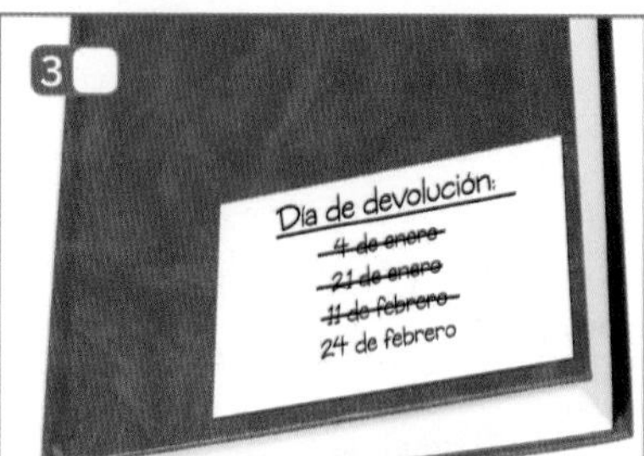

a ....
b ....
c ....

24 **2** **Escucha los siguientes diálogos e imagina qué ha pasado.**

Diálogo 1 ....
Diálogo 2 ....

3 **Habla con tu compañero/a.**

a ¿Cuándo fue la última vez que **pediste perdón**? ¿A quién se lo pediste? ¿Pusiste alguna excusa para justicarte? ¿Te perdonó?

b ¿Cuándo fue la última vez que **te pidieron perdón a ti**? ¿Quién fue? ¿Te puso alguna excusa? ¿Le perdonaste?

Cuaderno de ejercicios p. 43

ACEPTAR DISCULPAS

- Para **aceptar disculpas** de alguien se usa:
  - No te preocupes.
  - Tranquilo, no pasa nada.
  - No tiene importancia.
  - Te perdono.
- Algunas veces se añade una condición, que se introduce con ***pero***:
  - Te perdono, **pero** no lo vuelvas a hacer más.

25 **4** **Escucha estos diálogos y relaciónalos con las imágenes.**

Diálogo: ....

Diálogo: ....

Diálogo: ....

25 **5** **Vuelve a escuchar y completa.**

Diálogo A

Gabriel: ¡Eh! ¡Mira por dónde vas! ¡Me has dado con la mochila en la cabeza!
Álex: **1** ...., tengo prisa y no te he visto.
Gabriel: Bueno, **2** ...., pero ten cuidado.

Diálogo B

Olga: ¡Llevo más de media hora esperando!
Álvaro: **3** ...., el autobús ha tardado mucho en venir.
Olga: ¡Siempre me pones la misma excusa!
Álvaro: ¡Pero es verdad! Mira, ha tardado tanto, que mientras esperaba el autobús, te he comprado las flores que tanto te gustan.
Olga: Bueno, **4** ...., pero porque me has traído flores, que si no...

Diálogo C

Óscar: **5** .... llamarte a estas horas, pero necesito para mañana el libro de Lengua, ¿me lo puedes llevar mañana a clase?
Carlos: Sí, claro, **6** ...., mañana te lo llevo, **7** ...., intenta acordarte de las cosas antes, ¡son las doce de la noche!
Óscar: Ya, lo siento, **8** ....

6 **Habla con tu compañero/a. Sigue las instrucciones de tu recuadro.**

Alumno A

Situación 1. Empiezas tú.
- Invita a tu compañero/a, que es tu mejor amigo/a, a una fiesta. Acepta sus disculpas por no asistir a tu fiesta.

Situación 2. Empieza tu compañero/a.
- Tu compañero/a te ha dejado su pantalón favorito y dice que se lo has devuelto roto. Pídele perdón y justifícate.

Alumno B

Situación 1. Empieza tu compañero/a.
- Tu mejor amigo/a te ha invitado a una fiesta, pero otro amigo te ha invitado a otra fiesta más guay. Discúlpate y ponle una excusa para no ir.

Situación 2. Empiezas tú.
- Le has dejado tu pantalón favorito a tu compañero/a y te lo ha devuelto roto. Díselo. Luego, acepta sus disculpas.

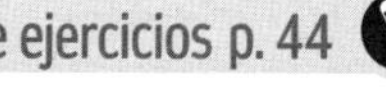
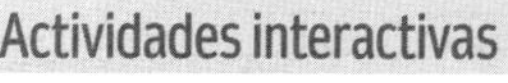

Cuaderno de ejercicios p. 44 · Actividades interactivas

a b c Palabra por palabra VOCABULARIO

Los tipos de textos

1 Lee estos fragmentos y relaciónalos con su tipo de texto correspondiente.

a HABÍA UNA VEZ UNA NIÑA QUE VIVÍA CON SU MADRE EN UNA CASITA EN EL BOSQUE. UN DÍA SU MADRE LE DIJO:
— HIJA MÍA, TIENES QUE IR A CASA DE TU ABUELITA PARA LLEVARLE...

(CAPERUCITA ROJA, ANÓNIMO)

b *Anoche cuando dormía*
soñé, ¡bendita ilusión!,
que una fontana fluía
dentro de mi corazón.

(*Anoche cuando dormía*, Antonio Machado)

c *Dicen que en un país muy lejano había un dragón que se comía a las jóvenes del lugar. Las chicas se elegían por sorteo y un día le tocó a la hija del rey. Pero un apuesto caballero llegó en su caballo blanco...*

d ROBO EN UN CHALÉ DE MARBELLA

La policía está investigando el misterioso robo, ocurrido ayer por la noche en un lujoso chalé de Marbella.

e Había una vez una cigarra y una hormiga que vivían en el mismo prado. En verano, mientras la hormiga trabajaba, la cigarra cantaba...

(*La cigarra y la hormiga*, Esopo)

f EL OTRO DÍA ESTABA EN EL METRO Y ESTABA TAN CANSADA QUE CORRÍ PARA SENTARME EN UN ASIENTO, PERO HABÍA OTRO HOMBRE QUE TAMBIÉN SE IBA A SENTAR Y AL FINAL, SIN QUERER, ME SENTÉ ENCIMA DE ÉL. ¡QUÉ VERGÜENZA!

g «Todavía recuerdo aquel amanecer en que mi padre me llevó por primera vez a visitar el Cementerio de los Libros Olvidados...».

(*La sombra del viento*, Carlos Ruiz Zafón)

1 ☐ novela
2 ☐ noticia
3 ☐ cuento
4 ☐ fábula
5 ☐ poema
6 ☐ anécdota
7 ☐ leyenda

2 Completa las frases con los tipos de textos.

a La .... es una historia inventada. Los protagonistas siempre son animales y el final de la historia suele tener una lección moral a la que se le llama moraleja.
b La .... es una historia normalmente divertida o curiosa que nos ha pasado en nuestra vida, aunque después de contarla muchas veces es habitual introducir elementos nuevos inventados.
c La .... es una historia inventada, aunque siempre se dice que tiene algo de realidad. Es muy antigua y no se sabe quién es el autor porque ha llegado a nuestros días de forma oral.
d La .... es un relato que puede ser sobre un hecho real o inventado. No es para niños.
e El .... suele estar escrito en verso y rimar.
f Las .... las encontramos en los periódicos.
g El .... es un relato para niños.

26 **3** **Escucha y di de qué género se trata.**

1 .... 2 .... 3 ....

4 **Lee esta fábula y contesta a las preguntas.**

Fábula de la cigarra y la hormiga

Había una vez una cigarra y una hormiga que vivían en el mismo prado. En verano, mientras la hormiga trabajaba, la cigarra cantaba y se reía de la pobre hormiguita.

– ¿Por qué trabajas tanto y no disfrutas del verano? –le decía la cigarra.

Pero llegó el duro invierno y la cigarra no tuvo nada que comer, dejó de cantar y fue a casa de la hormiga para pedirle ayuda. Cuando entró en la casa, la cigarra vio a la hormiga calentita y rodeada de comida. La cigarra le pidió algo de comer, pero la hormiga le respondió:

– ¿Ya no cantas ni te ríes? Pues ahora no quiero compartir contigo lo que tanto trabajo a mí me ha costado.

Y así fue como el trabajo de la hormiga se vio recompensado.

(Adaptado de *La cigarra y la hormiga*, fábula de Esopo)

a ¿Para qué trabaja tanto la hormiga durante el verano? ....

b ¿Por qué la hormiga no ayuda a la cigarra? ....

c ¿Por qué la cigarra tiene hambre y frío en invierno? ....

5 **Convierte la fábula anterior en una noticia. Para escribir una noticia tienes que seguir la siguiente estructura:**

TITULAR. Tiene que ser corto y destaca lo más importante de la noticia.

ENTRADA. Resume la noticia y responde a: ¿Qué? ¿Quién? ¿Cómo? ¿Dónde? ¿Cuándo? ¿Por qué?

CUERPO. Texto que narra los acontecimientos más importantes de la noticia en orden de mayor a menor importancia.

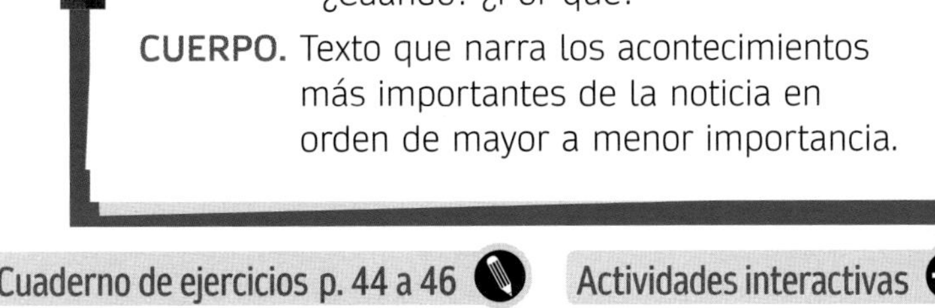

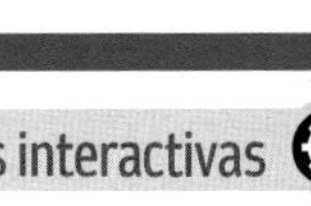

Cuaderno de ejercicios p. 44 a 46

Actividades interactivas

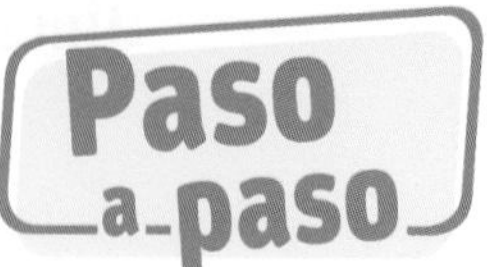

GRAMÁTICA

CONTRASTE PRETÉRITO INDEFINIDO, IMPERFECTO Y PERFECTO

■ Para **narrar** en pasado se usan estos tiempos verbales:

Pretérito indefinido	Pretérito imperfecto	Pretérito perfecto
• Se usa para hablar de acciones pasadas, **terminadas** en el momento en el que se habla y que **no tienen relación** con el presente: – *Ayer **fui** en bici a clase.* – *El año pasado **fui** de vacaciones a Menorca.*	• Se usa para describir **situaciones pasadas**, con una cierta duración o acciones habituales en el pasado: – *Aquel día **llovía** mucho.* – *Antes yo siempre **iba** a Mallorca de vacaciones.*	• Se usa para hablar de acciones en un **pasado reciente** o que **tienen relación** con el presente: – *Últimamente **he tenido** que estudiar mucho.* – *Este año **he ido** a Ibiza.*

Videogramas 

1 **Completa con el verbo entre paréntesis en el tiempo adecuado.**

El ratoncito Pérez

Había una vez un príncipe llamado Buby que **a** .... (vivir) en un palacio. Sus padres **b** .... (ser) muy ricos y casi todos los días le **c** .... (regalar) algo. Un día, se le **d** .... (caer) su primer diente y su madre le **e** .... (decir):

—Si pones el diente bajo la almohada, el ratoncito Pérez te lo cambiará por un regalo.

Buby así lo **f** .... (hacer) y, mientras esperaba la llegada del ratoncito, **g** .... (dormirse). De pronto, algo lo **h** .... (despertar) y **i** .... (ver) sobre la almohada a un pequeño ratón, que **j** .... (llevar) un sombrero y una maleta verde.

—¿**k** .... (venir) para darme un regalo? Es que se me **l** .... (caer) un diente —**m** .... (decir) Buby.

—Tu regalo va a ser venir conmigo —**n** .... (responder) el ratón.

Entonces el ratón **ñ** .... (pasar) su cola por la nariz del niño y al instante:

—¡Oh! **o** .... (convertirse) en un ratón como tú! —**p** .... (exclamar) Buby.

De esta forma los dos **q** .... (salir) del palacio para llevar un regalo a un niño que **r** .... (vivir) en una casa muy vieja y que **s** .... (ser) muy pobre...

(Basado en el cuento *Ratón Pérez* de Luis Coloma)

2 **Marca qué expresa cada frase. Después, busca en el texto un ejemplo más para cada caso.**

	Acción sin relación con el presente	Descripción de la situación	Acción en un pasado reciente	Acción habitual
a Vivía con sus padres.	☐	☐	☐	☐
b Me he convertido en un ratón.	☐	☐	☐	☐
c Se le cayó su primer diente.	☐	☐	☐	☐
d Casi todos los días le regalaban algo.	☐	☐	☐	☐

Cuaderno de ejercicios p. 46 a 50 

SOLER + INFINITIVO

- Para hablar de acciones que **se hacen** habitualmente, se usa el verbo ***soler*** en **presente** + **infinitivo**:
  - *Yo **suelo ir** en autobús al instituto, pero a veces, cuando hace calor, voy en bici.*

- Para hablar de acciones que **se hacían** habitualmente, se usa el verbo ***soler*** en **pretérito imperfecto** + **infinitivo**:
  - Antes ***solía comer*** en el instituto, pero ahora como en casa de mis abuelos.

Videogramas 

3 **Completa las frases con el verbo *soler* en imperfecto o en presente.**

a Antes .... levantarme a las siete de la mañana, pero desde que vivo cerca del instituto .... levantarme a las ocho.

b ¿Qué .... (tú) hacer ahora los domingos por la tarde?

c Cuando voy al cine .... ver las películas en versión original.

d Mamá, ¿este no es el restaurante donde .... (nosotros) celebrar mi cumple de pequeño?

4 **Imagina cómo era la vida de estas personas antes, qué les pasó y cómo son ahora. Escribe su historia usando el contraste de pasados, el verbo *soler* y las siguientes expresiones.**

conocer a alguien ▪ hacerse médico ▪ tener un accidente ▪ reencontrarse

Antes

5 de julio de 2016

Este año

Escribe aquí su historia

Antes

3 de marzo de 2005

Este año

Escribe aquí su historia

5 **Habla con tu compañero/a. Explícale qué cosas solías hacer antes que ya no haces.**

Cuaderno de ejercicios p. 51   Actividades interactivas 

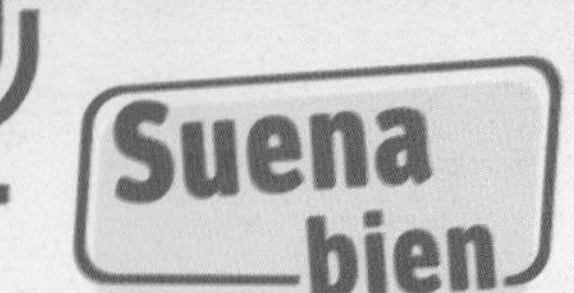

PRONUNCIACIÓN Y ORTOGRAFÍA

La tilde en interrogativos y exclamativos

27 **1 Escucha las frases y marca si se trata de una interrogación o una exclamación.**

	1	2	3	4	5	6
Interrogación	☐	☐	☐	☐	☐	☐
Exclamación	☐	☐	☐	☐	☐	☐

- Como sabes, en español las frases interrogativas van introducidas por el signo de interrogación **¿** y las exclamativas por el signo de exclamación **¡**:
  - *¡Qué día tan bueno hace!*
  - *¿Qué tal estás?*
  - *De todos tus compañeros de clase, ¿quién es el más simpático?*
  - *Ayer fui a la fiesta de Jaime y ¡me lo pasé genial!*
- En las **frases interrogativas** o **exclamativas indirectas** no se escriben los signos de interrogación o de exclamación:
  - *¿A qué hora va a llegar Alberto?* ➔ *No sé a qué hora va a llegar.*
  - *¡Qué alto estás!* ➔ *Mira qué alto estás.*

2 Escribe los signos de interrogación y exclamación necesarios.

a Cuál es tu color favorito
b Oye, vas a ir a la fiesta
c Qué bonita tu camiseta
d No sé dónde he dejado el libro
e El concierto de ayer, fue genial
f Cuántos años tienes

- Las palabras ***qué***, ***quién***, ***cuál***, ***cuánto***, ***cuándo***, ***dónde*** y ***cómo*** van **siempre acentuadas** cuando son interrogativas o exclamativas directas o indirectas:
  - *¿**Dónde** estuviste ayer? / No sé **dónde** estuviste ayer.*
  - *¡**Cuánta** gente ha venido! / Mira **cuánta** gente ha venido.*
  - *¿**Quién** quiere cenar? / A ver **quién** viene a cenar.*

3 Elige la opción correcta en cada caso.

a Voy al gimnasio **cuando** / **cuándo** puedo.
b No sé **que** / **qué** tengo que hacer.
c No me has dicho **cuantos** / **cuántos** años tienes.
d ¡**Cómo** / **Como** has venido tan tarde!
e Oye, ¿puedes decirme **que** / **qué** hora es?
f El coche no es tan rápido **cómo** / **como** el metro.

28 **4 Dictado.**

Cuaderno de ejercicios p. 51

Actividades interactivas

Sesión de cine VÍDEO

EL MISTERIO DEL *PENDRIVE*

SINOPSIS

Paula y Santi hablan sobre un *pendrive* que ha creado una confusión tan grande, que incluso han llegado dos policías a la casa de Santi. ¿Está Santi en apuros?

1 Haz a tu compañero/a las siguientes preguntas.

a ¿Cómo te gusta estudiar y hacer los trabajos de clase: en grupo o solo?
b ¿Dónde prefieres estudiar: en casa o en la biblioteca?
c ¿Cómo crees que aprendes más: haciendo un examen o presentando un trabajo?

2 Mira las imágenes y responde a las preguntas.

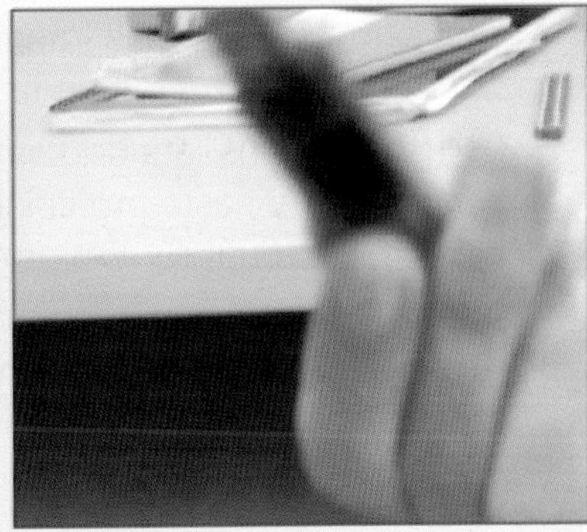

a ¿Qué crees que está haciendo Santi? ¿Por qué?
b ¿Quién crees que es ella? ¿Son familia, amigos o compañeros de clase? ¿Crees que van a trabajar juntos?
c ¿Por qué crees que tiene un *pendrive* en la mano? ¿Crees que es suyo?

3 Observa el vídeo y haz las actividades que te va a dar tu profesor/a.

Secuencia de vídeo

Actividades interactivas

¡VIVA LA MÚSICA LATINA!

La salsa es uno de los ritmos latinos más famosos. Se baila sobre todo en el Caribe.

Los TOP 5 de... los ritmos latinos

La música latina abarca los ritmos de América Latina y el Caribe. Merengue, bachata, salsa, cumbia, tango, milonga, habanera... Seguro que has escuchado muchos de estos ritmos. Quizás no conozcas sus nombres, pero su influencia se encuentra en muchas canciones de hoy en día.

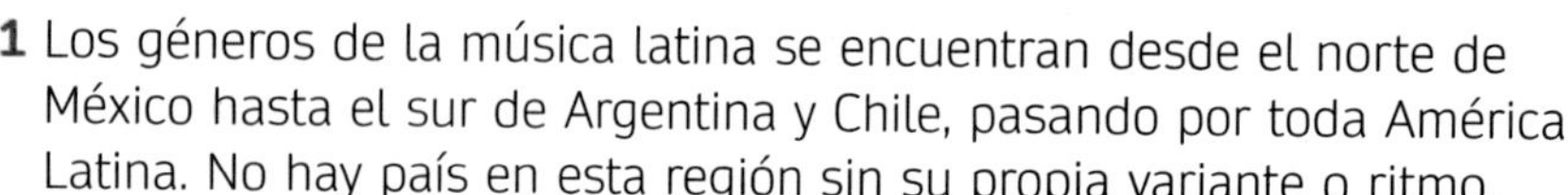

1 Los géneros de la música latina se encuentran desde el norte de México hasta el sur de Argentina y Chile, pasando por toda América Latina. No hay país en esta región sin su propia variante o ritmo.

2 Los ritmos latinos tienen influencia africana, europea e incluso de géneros como el *rock*, el *hip-hop* o el *jazz*.

3 La característica más importante de la música latina es la síncopa, una composición que rompe la pauta natural del ritmo.

4 Muchos ritmos latinos, como la bachata o el tango, empezaron siendo polémicos y hasta prohibidos. El reguetón también ha sido polémico. ¿Cuál será el próximo ritmo prohibido?

5 Los cantantes contemporáneos también utilizan fórmulas tradicionales latinas. Ejemplos son Enrique Iglesias, Shakira, Ricky Martin, Juanes o Christina Aguilera.

El tango es una música y un baile, típicos de Argentina.

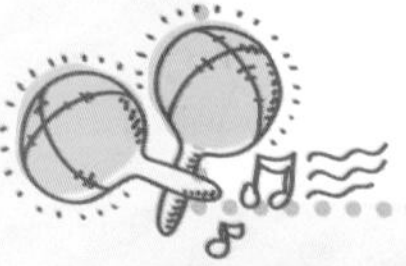

Un percusionista cubano toca los bongos, un instrumento típico de la música latina.

El cantante colombiano Juanes, una de las figuras más importantes de la música latina en los últimos años.

29 **1 ¿Sabes qué tipo de música se hace en Puerto Rico? Escucha y lee.**

Ritmos puertorriqueños

“Soy Rosana y tengo 17 años. Mi pasión es la música, sobre todo la música de Puerto Rico, mi país. Toco la trompeta y el saxofón. Empecé a estudiar cuando era pequeña: a los cinco años mi mamá me dio una flauta. Hoy en día toco en una banda. Cantamos en bodas, comuniones y fiestas familiares. Puerto Rico es un país musical. Mucha gente allí baila, canta o toca algún instrumento. Los ritmos puertorriqueños tienen influencia española y africana. Los más famosos son el bolero, el merengue, la salsa y, sobre todo, el reguetón. Daddy Yankee y Don Omar son de mi país”.

Rosana con su saxofón

El rincón de la música

“La música es poesía con ritmo. La música de mi país es poesía con ritmo y pasión”, solía decir la cantante cubana Celia Cruz. Celia Cruz nació en La Habana (Cuba) en 1925 y fue una de las cantantes más famosas de salsa cubana. La cantante tenía los apodos de la Reina de la Salsa y la Reina de la Música Latina. Se especializó en salsa, bolero y chachachá, y ganó muchísimos premios musicales. En sus actuaciones siempre gritaba ‘¡azúcar!’: era su símbolo. Una de las canciones que solía cantar era *Guantanamera*, una canción patriótica, basada en poemas de José Martí. Jennifer López rindió homenaje a esta cantante en los American Music Awards de 2013. Celia Cruz murió en el año 2003.

Celia Cruz, en un sello conmemorativo de 2011.

2 Lee todos los textos y relaciona los elementos de las dos columnas.

1 La salsa
2 Celia Cruz
3 Don Omar
4 *Chico y Rita*
5 Los ritmos africanos

- **a** rinde homenaje a la música cubana.
- **b** es un cantante de reguetón de Puerto Rico.
- **c** es un ritmo, un baile y una música del Caribe.
- **d** tuvieron influencia en la música latina.
- **e** fue una cantante cubana muy famosa.

Músicos callejeros tocan rumba en las calles de La Habana, Cuba.

3 Contesta a estas preguntas.

a ¿Te gusta la música latina? ¿Por qué?

b ¿Por qué crees que la música es tan importante en los países latinos?

c ¿Piensas que la música tiene una función en la cultura de un país? ¿Qué refleja la música sobre una cultura o un país?

MÚSICA | *CHICO Y RITA*

Chico y Rita es una película española de animación. Se estrenó en 2010. La película es un homenaje a los ritmos cubanos y estuvo nominada a un premio Óscar. Además, ganó muchos premios internacionales (premios Goya, del Cine Europeo y de Annecy). En Cuba es común ver a músicos callejeros y hay muchos músicos cubanos famosos. La película rinde homenaje a Mario Bauzá y Chano Pozo, leyendas del *jazz* cubano-americano. Estos músicos fueron muy famosos en Nueva York en los años 30 y 40. En la película aparecen muchos instrumentos típicos de los ritmos caribeños como el bongo, las maracas y el güiro.

Una escena de la película.

Cuaderno de ejercicios p. 52 

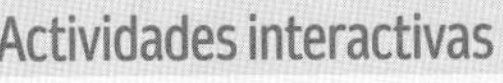

Actividades interactivas 

Érase una vez... LITERATURA

Los amantes de Teruel

Teruel

Es una ciudad española que se encuentra en el sur de la Comunidad de Aragón. Posee un valioso patrimonio artístico mudéjar, reconocido por la Unesco como Patrimonio de la Humanidad. Además, esta ciudad es el escenario de una de las más famosas leyendas españolas, la de los Amantes de Teruel.

1 **Ordena las siguientes palabras para descubrir la definición de una palabra que has aprendido en esta unidad.**

pero que ▪ algo de realidad ▪ y anónima
inventada ▪ una historia ▪ suele tener ▪ Es

➜ ....

....

➜ Palabra: ....

2 **Las siguientes viñetas representan una de las leyendas españolas más famosas. Obsérvalas, imagina la historia y cuéntasela a tu compañero/a. ¿Coincidís?**

a

b

c

d

e

f

g

30 **3 Vas a leer y escuchar la leyenda real para comprobar si es igual a la vuestra. Antes tienes que ordenar los párrafos.**

Los amantes de Teruel

☐ Un día Isabel conoció a Juan Diego Martínez de Marcilla, un joven muy valiente y guapo, pero que pertenecía a una familia humilde y con pocos recursos económicos. Pronto se hicieron amigos y de esa amistad nació el amor.

☐ Los jóvenes decidieron hablar con sus padres y confesarles su amor, pero como él era pobre, los padres de Isabel se negaron a aceptarlo. Finalmente, le dieron un plazo de cinco años para hacer fortuna luchando con las tropas cristianas contra la invasión musulmana. Si lo conseguía, podría casarse con Isabel.

☐ Las familias de los amantes, desconsoladas por la desgracia, entendieron entonces la fuerza de aquel amor y decidieron enterrarlos juntos. Así es como los amantes permanecen, desde entonces, eternamente unidos.

☐ Al día siguiente, las campanas de la iglesia anunciaron el triste funeral. Entre la gente que lloraba a Juan, apareció una mujer de luto que se acercó a él: era Isabel, que quiso "darle en muerte el beso que le negó en vida". Durante aquel largo beso, Isabel murió también abrazada a su amado.

☐ Así, Juan se marchó a la guerra en busca de fortuna. Pasados cinco años, el joven regresó a Teruel rico y famoso pero vio que Isabel estaba casándose con otro hombre.

☐ Desconsolado, decidió despedirse para siempre de su amada. Entró en su casa y le pidió el primer y último beso, pero Isabel, aunque le quería, se lo negó porque ya era una mujer casada. Juan no pudo soportar el dolor y cayó muerto al suelo.

1 Había una vez, a principios del siglo XIII, una bella joven que vivía en una ciudad española llamada Teruel. La joven se llamaba Isabel de Segura y era la hija única de una de las familias más ricas de la ciudad.

(Fuente de: *http://www.teruelversionoriginal.es/Turismo/home.nsf/documento/los_amantes_de_teruel*)

4 ¿Recuerdas qué es una moraleja? ¿Cuál crees que se deduce de esta leyenda? Háblalo con tu compañero/a.

a El amor es más fuerte que la muerte y, si es verdadero, nada ni nadie lo puede vencer.

b Muchas veces los padres, pensando que están haciendo lo mejor para sus hijos, se equivocan y lo que consiguen es hacerlos más desgraciados.

c No se pueden cerrar los ojos a los sentimientos de otras personas ni intentar que estas sientan lo que nosotros queremos.

5 De esta leyenda, en la que los dos amantes murieron por amor, surgió una frase popular: "Los amantes de Teruel, tonta ella, tonto él".

Creo que...

a se le dice a la gente que, por amor, se comporta de forma incomprensible para los demás.

b quiere decir que los amantes fueron tontos porque no supieron convencer a los padres de Isabel para que los dejaran casarse.

c quiere decir que el amor nos hace ser un poco "tontos" y que por él nos dejamos llevar más por los sentimientos o instintos que por la razón.

6 ¿Conoces alguna leyenda similar? ¿Tiene moraleja? Cuéntasela a tu compañero/a.

Actividades interactivas

Prueba de comprensión auditiva

31 **1 Escucha la audición y elige la opción correcta.**

1 La noticia es sobre...
- a el Mundial de Fútbol.
- b una encuesta sobre cómo se vio en el mundo la final de España.
- c una encuesta sobre cómo se vio en España la final del Mundial.

2 La mayoría vio la final...
- a en casa.
- b en un bar.
- c en la calle.

3 La mayoría vio la final...
- a sola.
- b con más gente.
- c con su familia.

4 La mayoría de los que vieron la final en las pantallas gigantes...
- a tenía entre 25 y 34 años.
- b tenía entre 14 y 24 años.
- c estaba en grupos de más de 5 personas.

5 El estudio se realizó preguntando...
- a a personas de más de 14 años.
- b al 88,1% de los españoles.
- c a más de 800 personas.

6 La final...
- a fue en Sudáfrica y jugó España contra Holanda.
- b la vio el 40,3% de los españoles.
- c no se vio en los bares.

Prueba de expresión e interacción escritas

2 Has cambiado de ciudad. Escribe un correo electrónico a un/a amigo/a (70-80 palabras). En él debes:

- Comparar tu nueva ciudad con la anterior.
- Describir tu nueva casa.
- Explicar cómo es la gente que has conocido.

Mensaje nuevo

De: **Para:**

Asunto:

Cuaderno de ejercicios p. 52 a 54

Actividades interactivas

EVALUACIÓN

1 Relaciona cada disculpa con la justificación correspondiente.

_/5

1 Perdona por no haberte cogido el teléfono,
2 Perdóname por haberme comido todo el pastel,
3 Siento no haberte llamado últimamente,
4 Perdone por no cederle el asiento, señora,
5 Perdóname por haber hecho una fiesta en casa el fin de semana sin avisarte,

a te prometo que no lo volveré a hacer sin tu permiso.
b es que no he visto que estaba usted de pie.
c es que estaba en clase y no podía hablar.
d es que he estado muy ocupado con los exámenes finales.
e no sabía que tú no lo habías probado.

2 Escribe una frase aceptando cada disculpa del ejercicio anterior.

_/5

a ....
b ....
c ....
d ....
e ....

3 Completa el diálogo conjugando los verbos en el tiempo del pasado adecuado.

_/14

▶ Cuando **a** .... (ser) pequeña siempre **b** .... (ir) de vacaciones a la playa. Recuerdo que un año mi padre **c** .... (decidir) ir a la montaña y **d** .... (pasar, nosotros) el verano en Asturias. Al principio no me **e** .... (gustar) porque **f** .... (aburrirse) y no **g** .... (conocer) a nadie, pero después **h** .... (hacer) muchos amigos y desde entonces **i** .... (ir) a Asturias muchas más veces.

▷ Pues yo de pequeña nunca **j** .... (poder) ir de vacaciones porque mi padre **k** .... (trabajar) siempre en verano. La primera vez que **l** .... (ir) de vacaciones **m** .... (tener) ya 15 años. Eso sí, desde entonces **n** .... (viajar) mucho.

4 Observa las imágenes y escribe qué solía hacer Álex de pequeño. Usa el verbo *soler* + infinitivo.

_/4

....

Ahora soy capaz de...

a ...narrar en pasado. Sí No
b ...describir situaciones en el pasado. Sí No
c ...entender un cuento en español. Sí No
d ...justificarme cuando pido disculpas. Sí No

Sigue practicando con...

Actividades interactivas

Ahora comprueba

32 **1 Escucha a estas personas y elige la opción correcta.**

1 Casa Botín...
a es el mejor restaurante del mundo.
b es el edificio más antiguo del mundo.
c es el restaurante más antiguo del mundo.

2 ¿Dónde está la estatua?
a En el parque del Retiro.
b En Portugal.
c En un monte de Madrid.

3 "Me da mucho yuyu" significa...
a me da risa.
b me da miedo.
c no me lo creo.

4 ¿De qué situación hablan?
a 
b 

2 Lee la noticia y complétala con estos verbos en la forma indicada.

Pretérito perfecto	Pretérito indefinido	Pretérito imperfecto
confesar ▪ convertirse	poder ▪ falsificar	dudar ▪ hacer

29 de agosto. Este fin de semana la española Edurne Pasabán **a** .... oficialmente en la primera mujer en escalar los catorce 'ochomiles', es decir, las catorce cumbres más altas del mundo. Este título lo tenía la escaladora Eun Sun, conocida como Miss Oh, pero se ha demostrado que la alpinista **b** .... unas fotos en las que decía estar en la cima del Kanchenjunga. Tal como ella misma **c** ...., esas fotos fueron tomadas desde más abajo. Según ella no **d** .... tomar las fotos en la cumbre porque **e** .... muy mal tiempo. Tanto Edurne Pasabán y todo su equipo, como la Federación de alpinismo, **f** .... sobre la subida de Eun Sun. Miss Hawley, la juez mundial del alpinismo, ha investigado el tema.

3 Estas son las pruebas con las que trabajó Miss Hawley. Míralas y reconstruye con tu compañero/a el veredicto de la investigación.

Miss Hawley tomó declaraciones a varios alpinistas que alcanzaron la cima en esas fechas y aseguraron que...

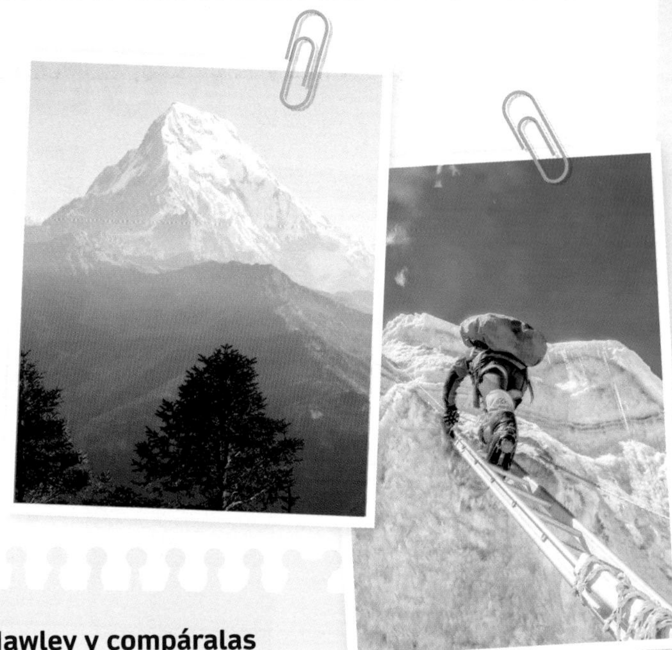

33 **4** **Ahora escucha las conclusiones de Miss Hawley y compáralas con las que habéis escrito.**

5 **Imagina que eres Miss Oh y estás arrepentida por lo que has hecho. Escribe una carta de disculpa para Edurne y justifica tu actuación.**

Querida Edurne:

6 **Estos dibujos ilustran una antigua leyenda. Ordénalos y cuéntale la historia a tu compañero/a.**

34 **7** **Ahora escucha la leyenda y comprueba el orden correcto. ¿Coincide con la leyenda que has imaginado?**

CONSTRUYENDO EL FUTURO

Comunicación
- Hacer conjeturas
- Hacer promesas

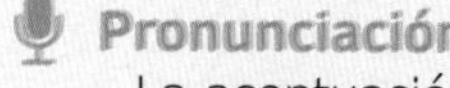

Vocabulario
- El medioambiente
- La política

Gramática
- Futuro imperfecto
- *Si* + presente + futuro

Pronunciación y ortografía
- La acentuación

Sesión de cine
- *Visión de futuro*

Cultura
- Parques nacionales de España

Literatura
- *Tiempo futuro*, de Carlos Donatucci
- *Viaje al futuro*

1 **Observa las imágenes de Víctor y Marta e indica a quién se refiere cada frase.**

	Víctor	Marta	Los dos	Ninguno
a Va a hacer deporte.	☐	☐	☐	☐
b Va a pintar.	☐	☐	☐	☐
c Va a tocar un instrumento.	☐	☐	☐	☐
d Lleva una camiseta.	☐	☐	☐	☐
e No va a jugar al tenis.	☐	☐	☐	☐
f Va a practicar con su banda.	☐	☐	☐	☐
g Va a ganar el partido.	☐	☐	☐	☐

2 **Relaciona las dos columnas para saber qué actividades van a hacer Marta y Víctor.**

1 Va a ponerse •	• **a** el día.
2 Va a practicar su •	• **b** protección solar.
3 Va a ir a clase •	• **c** deporte favorito.
4 Va a tocar •	• **d** de música.
5 Van a disfrutar •	• **e** la guitarra.

Comenzamos con un diálogo

35 **3** **Escucha el diálogo y completa.**

Marta: Todavía no sé qué quiero estudiar cuando empecemos **a** .... ¿Tú ya sabes qué vas a estudiar?

Víctor: Me encanta la pintura, así que me imagino que estudiaré **b** ...., como mi hermana mayor. Ella está muy contenta y dice que la universidad es genial.

Marta: Pero tu hermana estudia en **c** ...., ¿verdad?

Víctor: Sí, le encanta la ciudad y está muy contenta.

Marta: ¿Y tú también quieres irte a estudiar allí?

Víctor: Bueno, supongo que iré a Barcelona o quizás a **d** .... La Universidad de Salamanca es preciosa y muy antigua, y la ciudad tiene mucha marcha, porque hay mucha gente joven.

Marta: Yo creo que me quedaré aquí en Zaragoza y estudiaré **e** .... o Enfermería. Víctor... si te vas..., ¡qué pena!

Víctor: Bueno, bueno, que solo estoy haciendo **f** .... Todavía no es nada seguro, ¡y faltan unos años! Además, si me voy, te prometo que vendré a verte cada fin de semana.

Marta: ¿Me lo prometes?

Víctor: ¡Prometido!

35 **4** **Escucha el diálogo y completa.**

a Marta no tiene claro qué va a estudiar. Sí No

b Víctor ya sabe que va a estudiar en Salamanca. Sí No

c Víctor y Marta viven en Zaragoza. Sí No

d A Marta le da igual si Víctor se va a estudiar a otra ciudad. Sí No

e Víctor le hace una promesa a Marta. Sí No

5 **Relaciona las frases con las fotografías.**

1 Me imagino que tendré que fregar los platos.

2 Voy a subir.

3 Te prometo que todo saldrá bien.

4 Te juro que te compraré otras.

5 Creo que este año sí aprobaré.

6 Para mi fiesta de cumpleaños, este año pienso ir a un karaoke.

a

b

c

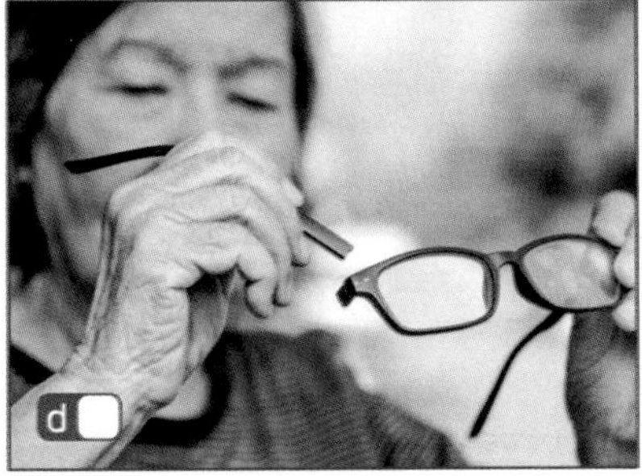
d

e

f

Actividades interactivas

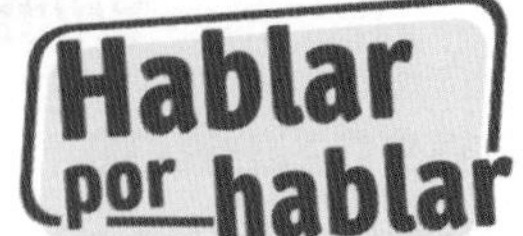

COMUNICACIÓN

HACER CONJETURAS

- Para **hacer suposiciones** o **conjeturas** se usa:
  - ***Creo que*** *mañana lloverá.*
  - ***Me imagino que*** *no podremos ir al campo.*
  - ***Supongo que*** *nos quedaremos en casa.*

1 **Junto a tu compañero/a, relaciona las fotografías según lo que van a hacer en el futuro.**

a

b

c

d

e

1 ☐

2 ☐

3 ☐

4 ☐

5 ☐

2 **¿Qué personas del ejercicio 1 van a hacer estas actividades? ¿Coinciden con tus suposiciones?**

- Irá al mecánico: ☐
- Irá de expedición a la selva: ☐
- Subirá al Everest: ☐
- Irá a la universidad: ☐
- Cocinará pescado a la plancha: ☐

3 **En parejas, hablad sobre lo que creéis que vais o no vais a hacer en vuestro futuro.**

- Hablaré español perfectamente.
- Hablaré muchos idiomas.
- Viviré en muchos países.
- Escribiré un libro.
- Seré un deportista profesional.
- Tocaré un instrumento.
- Haré *puenting*.
- Seré famoso.

Cuaderno de ejercicios p. 55 

HACER PROMESAS

- Para hacer **promesas** usamos:

Te prometo que... Te juro que...	Te lo prometo/juro. ¡Prometido!	Te doy mi palabra. Lo haré sin falta.

– ***Te prometo que*** *no volveré a llegar tarde.* – ***Te juro que*** *no te volveré a mentir.*

36 **4 Escucha y completa los diálogos. Después, relaciónalos con sus imágenes.**

Diálogo A

- ¡El próximo fin de semana estás castigado! Ayer llegaste tardísimo!
- .... que no volverá a pasar, de verdad.
- Siempre dices lo mismo y nunca haces caso. ¡No hay más que hablar!
- ¡Pero, mamá...!

Diálogo B

- ¡Llevo media hora esperándote y la película ya ha empezado! La próxima vez entro yo solo al cine y no te espero.
- Anda, no te enfades. He llamado para avisarte... .... que no volverá a pasar.
- ¡Pero si desde que te conozco siempre llegas tarde!

Diálogo C

- Tu fiesta ha estado genial. Nos hemos divertido muchísimo.
- Me alegro. A ver si celebramos otra para tu cumpleaños.
- ....

5 Fíjate en estas promesas y piensa con tu compañero/a qué ha podido pasar.

a Te prometo que no me meteré en tu correo electrónico.
b Te juro que tendré mucho cuidado con él.
c De verdad que lo haré sin falta. ¡Prometido!

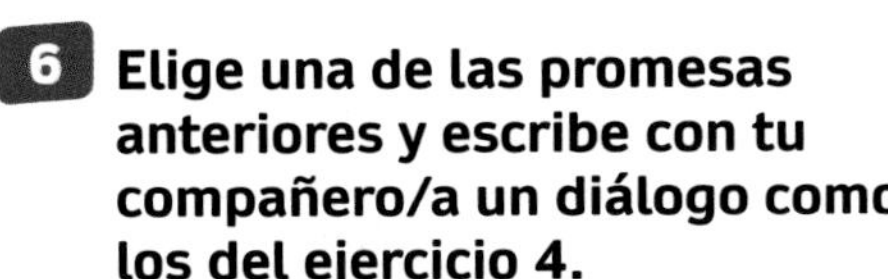

6 Elige una de las promesas anteriores y escribe con tu compañero/a un diálogo como los del ejercicio 4.

Cuaderno de ejercicios p. 56  
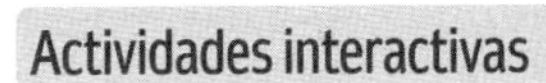
Actividades interactivas 

Palabra por palabra VOCABULARIO

El medioambiente

1 **Fíjate en las imágenes y separa los fenómenos en positivos o negativos. Añade a la lista otras palabras que conozcas relacionadas con el medioambiente.**

a consumo responsable

b reciclaje

c contaminación

d energía renovable

e sequía

f transporte ecológico

g calentamiento global

h deshielo

i deforestación

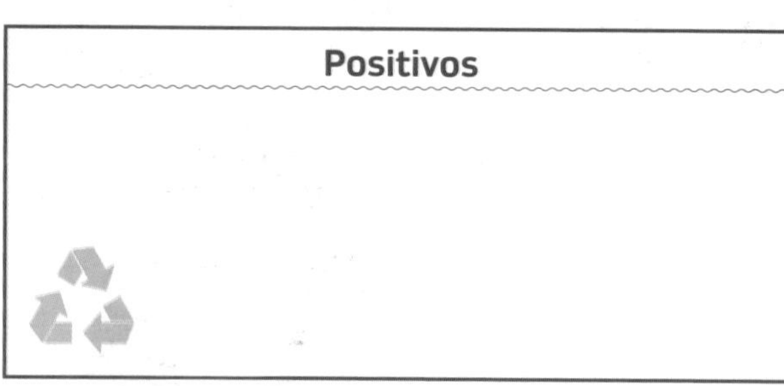

2 **¿Y tú? ¿De qué color ves el futuro en relación con el medioambiente? Discute con tu compañero/a sobre los fenómenos anteriores: uno de los dos será el pesimista y el otro el optimista.**

- Para hablar de acciones o acontecimientos futuros, se puede usar el futuro imperfecto (menos seguro de realizar) o la forma *ir a* + infinitivo (más seguro de realizar):
  - *Esta tarde **visitaremos** / **vamos a visitar** la exposición.*
- Para hacer predicciones se prefiere utilizar el futuro imperfecto:
  - *Dentro de cien años se **extinguirán** algunos animales.*

Pesimista: 

– En el futuro habrá sequía y no habrá suficiente agua para todos.

Optimista: 

– Pero si consumimos el agua de forma responsable, eso no pasará.

3 **Lee el siguiente artículo aparecido en un periódico y fíjate en las palabras destacadas. ¿Conoces sus significados?**

Unas elecciones muy reñidas

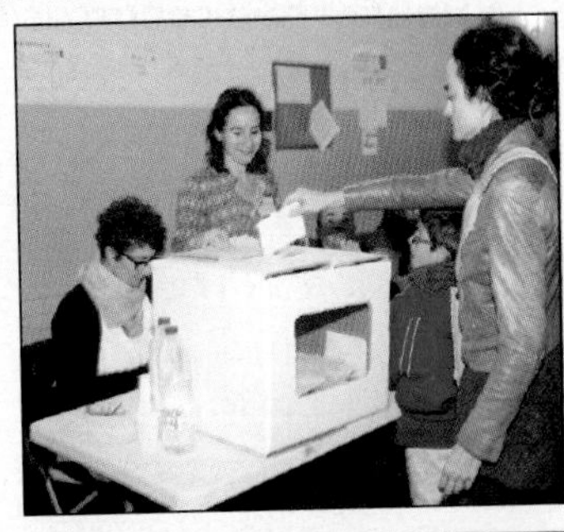

Mañana se celebrarán las **elecciones** a la **presidencia** del país. Las **encuestas** de estos días señalan que los dos principales **partidos** están muy igualados y que puede pasar cualquier cosa. Pablo Tomeu y Francisco Torres, los dos principales **candidatos** a **presidente**, se muestran optimistas ante estas elecciones, aunque habrá que esperar hasta contar todos los **votos** para conocer el resultado final.

Los dos partidos han prometido hacer grandes cambios en el país si consiguen ganar las elecciones. El candidato Pablo Tomeu ha dicho que si gana, hará una gran **reforma** en educación. También ha dicho que mejorará la salud pública y que abrirá varios hospitales nuevos.

El **programa** del partido de Francisco Torres apuesta por el medioambiente. Como ha dicho a lo largo de toda su **campaña**, este será un punto fundamental: si el partido de Torres sale elegido, se incentivará el uso del transporte público, se bajará el precio a los coches eléctricos, se trabajará en las energías renovables, etc.

Hasta mañana por la tarde no conoceremos quién será el futuro presidente del país y los cambios que viviremos en los próximos cuatro años.

4 **Contesta verdadero (V) o falso (F).**

a El partido de Tomeu es el favorito. (V) (F)
b Los dos principales candidatos piensan que pueden obtener buenos resultados. (V) (F)
c Se presentan más de dos partidos a estas elecciones. (V) (F)
d El partido que quiere mejorar la sanidad, también quiere mejorar el transporte. (V) (F)
e Las elecciones se celebran cada cinco años. (V) (F)

5 **Se van a celebrar elecciones en tu ciudad y tú eres uno de los candidatos a alcalde. ¿Cuál será tu programa? Escribe tu discurso utilizando el vocabulario que has aprendido y hablando de los siguientes temas.**

medioambiente ▪ educación ▪ trabajo
transporte ▪ salud

Estimados ciudadanos:
Prometo que construiré más zonas verdes, así los niños podrán jugar en los parques. Además, si me votáis, el transporte en la ciudad será más barato. Si mi partido gana, os prometo que no habrá tanta contaminación y...

Cuaderno de ejercicios p. 57 y 58

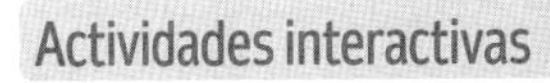

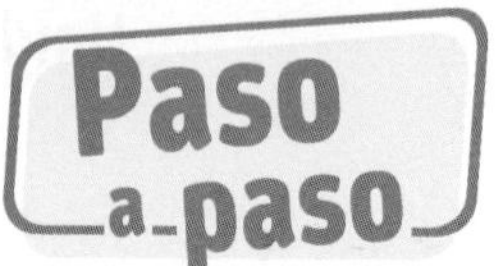

GRAMÁTICA

FUTURO IMPERFECTO

- El **futuro imperfecto** sirve para hablar del futuro y hacer suposiciones, predicciones y promesas. Se forma añadiendo al infinitivo del verbo las siguientes desinencias (iguales para las tres conjugaciones): ***-é***, ***-ás***, ***-á***, ***-emos***, ***-éis***, ***-án***.

Verbos regulares

	estudiar	**comer**	**vivir**
yo	estudiar**é**	comer**é**	vivir**é**
tú	estudiar**ás**	comer**ás**	vivir**ás**
él/ella/usted	estudiar**á**	comer**á**	vivir**á**
nosotros/as	estudiar**emos**	comer**emos**	vivir**emos**
vosotros/as	estudiar**éis**	comer**éis**	vivir**éis**
ellos/ellas/ustedes	estudiar**án**	comer**án**	vivir**án**

- Los **verbos irregulares** presentan alguna variación en la raíz, pero mantienen las mismas desinencias.

Verbos irregulares

tener → ten**dr-**	venir → ven**dr-**	caber → ca**br-**	hacer → **har-**
poder → po**dr-**	salir → sal**dr-**	haber → ha**br-**	decir → **dir-**
poner → pon**dr-**	valer → val**dr-**	saber → sa**br-**	querer → que**rr-**

- El futuro puede ir también acompañado de las siguientes expresiones de tiempo:
  - ***El año/mes*** / ***La semana/primavera*** ***que viene*** *iré a España.*
  - ***Dentro de dos años/un rato/unos días*** *vendrá a casa.*
  - ***El/la próximo/a semana/mes/año*** *tendré 17 años.*
  - ***Mañana*** *tendré un examen.*
  - ***Pasado mañana*** *sabremos las notas.*

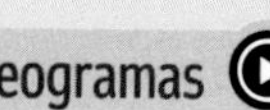

1 **Completa el texto con los verbos entre paréntesis en futuro imperfecto.**

La próxima semana Kevin **a** .... (ir) a Sevilla. **b** .... (Visitar) a sus primos y **c** .... (aprender) a hablar español. **d** .... (Bailar) flamenco, **e** .... (beber) gazpacho y **f** .... (pasear) por el parque de María Luisa. Dice que **g** .... (comprar) una guía para conocer la ciudad y **h** .... (anotar) los sitios que quiere visitar. Kevin y sus primos **i** .... (visitar) juntos la Giralda, **j** .... (comer) en el barrio de Triana y **k** .... (tomar) fotos cerca del río Guadalquivir. Seguro que **l** .... (ellos, vivir) una experiencia inolvidable. Mañana sus padres **m** .... (ir) a una agencia de viajes y le **n** .... (comprar) el billete de avión. ¡Lo **ñ** .... (pasar) genial!

2 **Ordena las siguientes expresiones de tiempo de más a menos cercanas en el futuro.**

el mes que viene ▪ dentro de dos años
dentro de un rato ▪ mañana ▪ pasado mañana
el año que viene ▪ las próximas Navidades

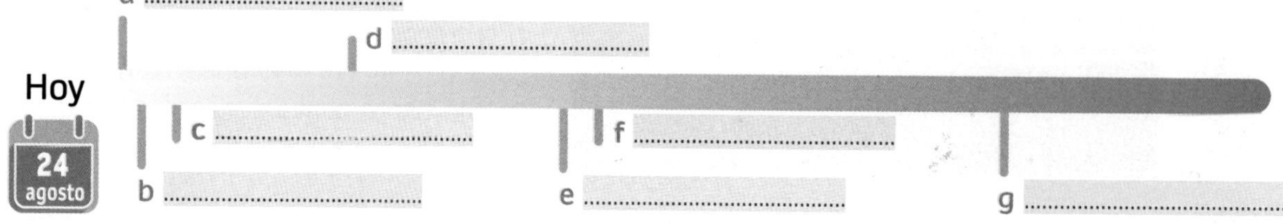

Cuaderno de ejercicios p. 58 a 62

SI + PRESENTE + FUTURO

- Para hablar de acciones futuras que dependen de una **condición** usamos la siguiente estructura:

Si	+	presente	+	futuro
Si		*no llueve,*		*iremos a la playa*

Videogramas 

3 Forma frases relacionando los elementos de las dos columnas.

1 Si el metro no funciona,
2 Si me invita a su cumpleaños,
3 Si me pongo enferma,
4 Si no nos vemos esta tarde,
5 Si piensas un poco,

a te llamaré.
b iré a pie.
c no podré ir a la excursión.
d sabrás la respuesta.
e tendré que comprarle un regalo.

4 Completa el texto con los verbos que faltan.

castigan ▪ llegaré ▪ podré ▪ vuelvo ▪ veré ▪ vemos ▪ castigarán ▪ voy ▪ aburriré

Si **a** .... la película de las 20:00h, **b** .... muy tarde a casa. Si **c** .... a llegar tarde, seguro que mis padres me **d** .... Si me **e** ...., no **f** .... ir de vacaciones este verano al pueblo de mi familia. Si no **g** .... al pueblo, no **h** .... a mis amigos y me **i** .... mucho. Lo bueno es que tampoco tendré que ver a mi primo. ¡Es un pesado!

5 Completa libremente las siguientes frases.

a Si ...., daré la vuelta al mundo.
b Si tengo suerte, ...
c Si el sábado hace mal tiempo, ...
d Si ...., aprenderé japonés.
e Si me toca la lotería, ...

6 Escribe condiciones para conseguir estas cosas.

- Estar en forma.
- Ser feliz.
- Ser rico.
- Tener el mejor trabajo del mundo.

Cuaderno de ejercicios p. 62 y 63  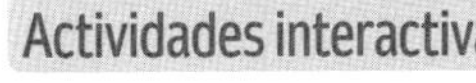

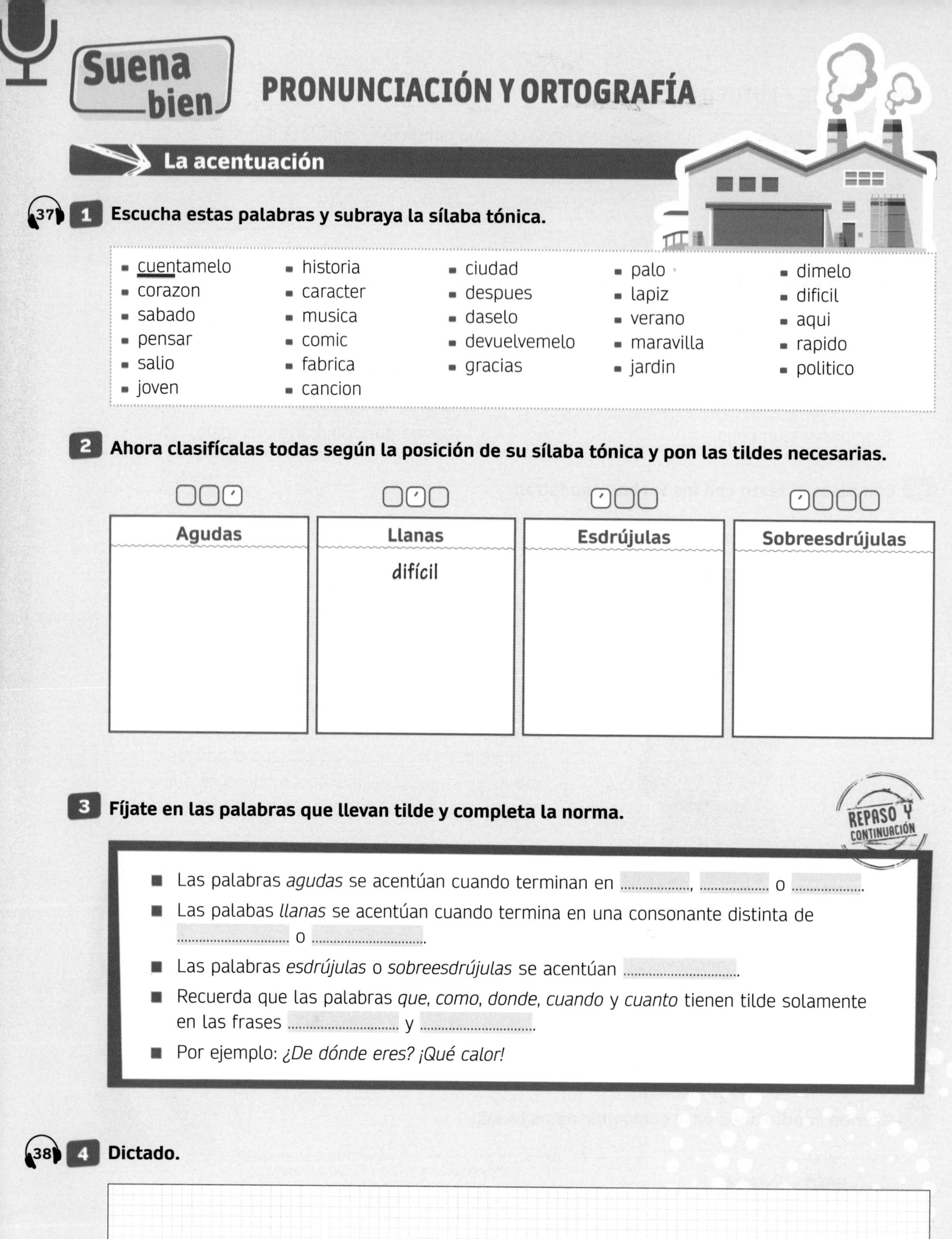

Suena bien — PRONUNCIACIÓN Y ORTOGRAFÍA

La acentuación

37 **1** **Escucha estas palabras y subraya la sílaba tónica.**

- cuentamelo
- corazon
- sabado
- pensar
- salio
- joven
- historia
- caracter
- musica
- comic
- fabrica
- cancion
- ciudad
- despues
- daselo
- devuelvemelo
- gracias
- palo
- lapiz
- verano
- maravilla
- jardin
- dimelo
- dificil
- aqui
- rapido
- politico

2 **Ahora clasifícalas todas según la posición de su sílaba tónica y pon las tildes necesarias.**

Agudas	Llanas	Esdrújulas	Sobreesdrújulas
	difícil		

3 **Fíjate en las palabras que llevan tilde y completa la norma.**

REPASO Y CONTINUACIÓN

- Las palabras *agudas* se acentúan cuando terminan en ...., ... o ....
- Las palabas *llanas* se acentúan cuando termina en una consonante distinta de .... o ....
- Las palabras *esdrújulas* o *sobreesdrújulas* se acentúan ....
- Recuerda que las palabras *que*, *como*, *donde*, *cuando* y *cuanto* tienen tilde solamente en las frases .... y ....
- Por ejemplo: *¿De dónde eres? ¡Qué calor!*

38 **4** **Dictado.**

Cuaderno de ejercicios p. 63 y 64 · Actividades interactivas

VÍDEO

Visión de futuro

SINOPSIS

Una estudiante quiere saber cómo será su futuro y acude a una persona que la puede ayudar y explicar qué le va a suceder muy pronto, qué cambios habrá en su vida… ¿Qué crees que le dirá?

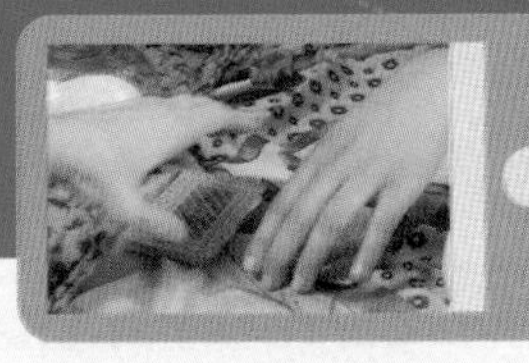

1 **Responde a las siguientes preguntas.**

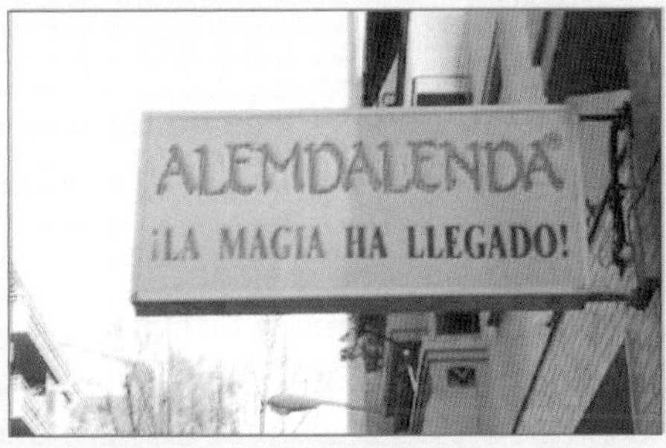

a ¿De qué crees que es ese rótulo?

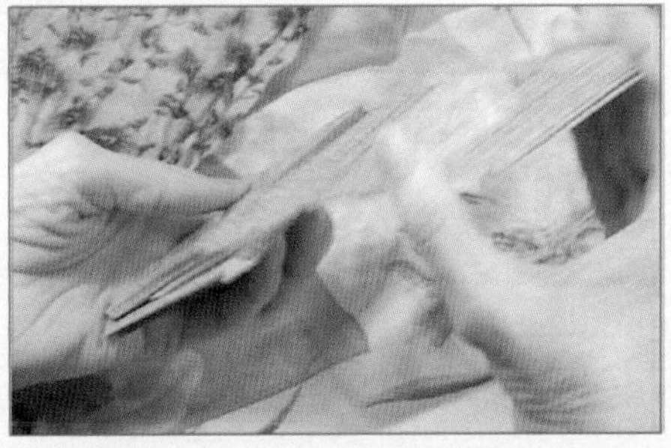

b ¿Qué ves entre las manos de la imagen?
c ¿Para qué se usan?
d ¿Quién crees que las está usando?

e ¿Quién es esa señora?
f ¿Qué crees que hará?
g ¿Quién crees que irá a verla?

h ¿Para qué crees que va la chica a la adivina?
i ¿Qué crees que le preguntará?

2 **Observa el vídeo y haz las actividades que te va a repartir tu profesor/a.**

Secuencia de vídeo · Actividades interactivas

Mundo hispano

Cultura

PARQUES NACIONALES DE ESPAÑA

Islas Cíes, Galicia.

1 **Lee estos textos sobre algunos parques nacionales de España.**

Timanfaya

El **Parque Nacional de Timanfaya** se encuentra en la parte centro occidental de la isla de Lanzarote. Los paisajes negros y rojos y la casi ausencia de vegetación se deben a las erupciones volcánicas que tuvieron lugar entre 1730 y 1736. La lava destruyó toda la flora y la fauna del lugar y los habitantes tuvieron que emigrar porque se convirtió en un lugar inhabitable. Hoy en día el parque es un gran centro de estudio geológico y de actividades sísmicas. Una curiosidad es que tiene un restaurante donde se cocina con el calor de la propia tierra.

(Adaptado de *www.lanzarote.com/es/timanfaya*)

Picos de Europa

El **Parque Nacional de los Picos de Europa** pertenece a Cantabria, Asturias y Castilla y León. En 2002 fue declarado Reserva de la Biosfera. Tiene más de 200 picos de más de 2000 metros de altitud. De hecho, el nombre Picos de Europa se lo pusieron los marineros porque cuando llegaban del Atlántico con los barcos era lo primero que veían. En el parque hay más de 2000 especies de animales y plantas. De algunas quedan pocos ejemplares, pero se están intentando recuperar, como es el caso de los osos o los buitres. También podemos visitar los lagos de Covadonga, unos de los pocos que hay en España.

(Adaptado de *www.verdenorte.com*)

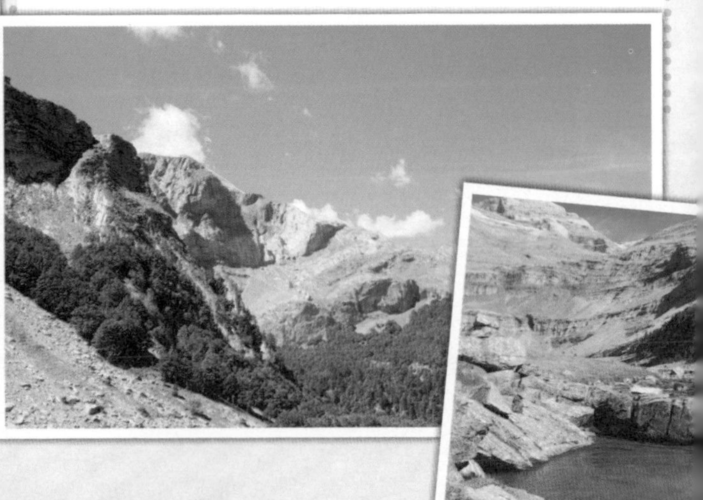

Islas Atlánticas

El **Parque Nacional de las Islas Atlánticas de Galicia** lo forman cuatro archipiélagos: el de Cíes, Ons, Sálvora y Cortegada. La isla más famosa es la de Monteagudo, que pertenece a las Cíes, porque su playa, llamada "playa de Rodas", ha sido considerada la más bonita del mundo. Es una isla completamente virgen, donde solo hay un restaurante, un *camping* y un faro convertido en observatorio de aves. Para llegar de forma particular hay que pedir permiso o ir en los barcos que salen, solo desde Semana Santa hasta septiembre, desde algunos puertos de Galicia.

(Adaptado de *www.parquenaturalislasatlanticas.com*)

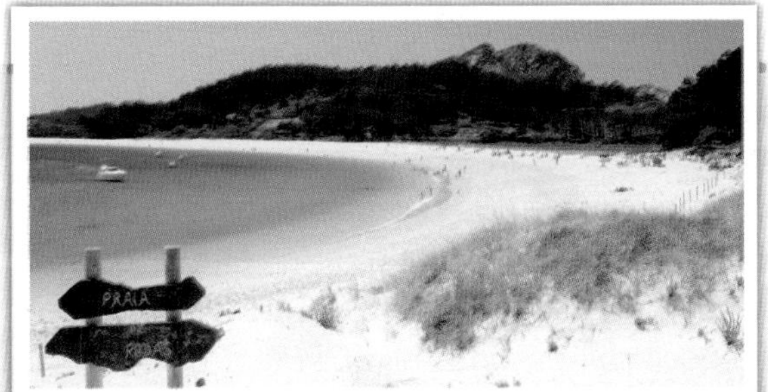

Doñana

El **Parque Nacional de Doñana** está situado en Huelva y Sevilla, en el suroeste de España. Cuenta con diferentes ecosistemas, por eso tiene una biodiversidad única en Europa. Podemos observar miles de especies de animales y plantas, algunas desgraciadamente en peligro de extinción, como el águila imperial ibérica y el lince ibérico. En Doñana destacan las marismas, el lugar de paso y de cría de las aves africanas y europeas, y también las dunas móviles, que forman una frontera natural con la playa.

(Adaptado de *www.redparquesnacionales.mma.es/parques/donana*)

2 **¿En qué parque...**

- **a** puedo ver un volcán?
- **b** puedo ver osos?
- **c** hay una gran biodiversidad?
- **d** puedo ver dunas?
- **e** voy a ver lagos?
- **f** puedo cocinar sin necesidad de hacer fuego?
- **g** solo puedo llegar en barco durante unos meses al año?
- **h** puedo bañarme en la playa más bonita del mundo?

NATURALEZA | LO MEJOR DE CADA PARQUE NACIONAL

PARQUES NACIONALES

Aquí están los cinco parques nacionales más importantes de España.

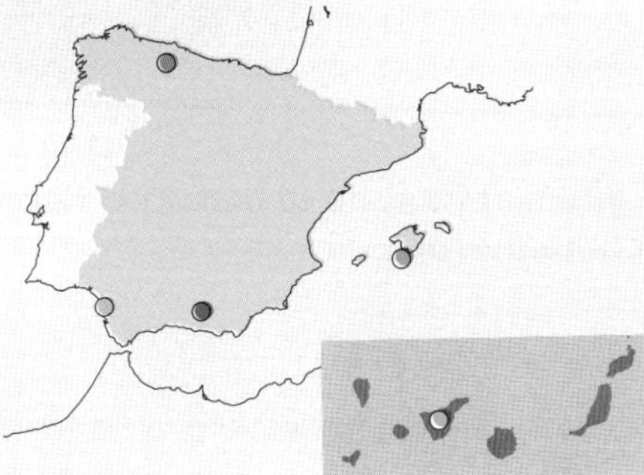

- Parque Nacional del Teide
- Parque Nacional de Doñana
- Parque Nacional de Sierra Nevada
- Parque Nacional Marítimo-Terrestre del Archipiélago de Cabrera
- Parque Nacional de los Picos de Europa

ATRACTIVOS

Estos son los elementos más atractivos de un parque nacional, según sus visitantes.

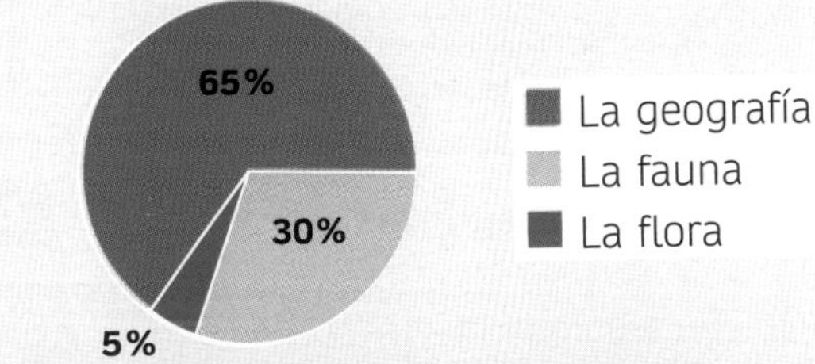

Parque Nacional de Sierra Nevada, Granada, Andalucía.

Cuaderno de ejercicios p. 64 y 65  Actividades interactivas 

Érase una vez... LITERATURA

39 **1** **Lee y escucha.**

Carlos Donatucci

Escritor argentino que ha trabajado distintos géneros literarios, su narrativa se mueve entre la ciencia ficción y el realismo mágico. Donatucci ha ganado numerosos premios en Argentina y España por relatos como *El interruptor* u *Hojas doradas en otoño*.

Viaje al futuro

Tiempo futuro

Llegaré al inmenso edificio, que tendrá un amplio e intimidante *hall* de entrada. Me anunciaré a la recepcionista, me dirá que espere a ser autorizado. Estaré nervioso, inquieto, durante todo el tiempo de la espera. Trataré de no arrugar el traje que tanto me costó comprar. Me arreglaré la corbata innumerables veces. La recepcionista me llamará por mi nombre. Me dirigirá al piso catorce, donde tendré que preguntar por el Sr. García. Me dirigiré al ascensor con paso decidido. El olor de diferentes perfumes, lociones, tabaco, sudor que habrá en el reducido espacio me mareará un poco.

(Adaptado de *Tiempo futuro*, Carlos Donatucci)

2 **Sin mirar el texto, relaciona los adjetivos con los nombres.**

1 edificio •	• a innumerables
2 *hall* •	• b decidido
3 veces •	• c inmenso
4 paso •	• d reducido
5 perfumes •	• e intimidante
6 espacio •	• f diferentes

3 **Responde a las preguntas.**

a ¿Quién crees que es el protagonista de la historia?

....

b ¿Por qué crees que está nervioso? ¿Qué es ese edificio?

....

....

c ¿Quién imaginas que es el señor García?

....

....

4 **¿Cómo imaginas el final de la historia? Escríbelo junto a tu compañero/a.**

....

....

....

....

....

....

....

5 **Lee el siguiente relato.**

Viaje al futuro

Alberto llegó del instituto, comió, encendió la tele, cogió el mando a distancia y se tumbó en el sofá. ¡ZAP!

—Si quiere disfrutar de unas vacaciones de ensueño, Canarias es su destino. ¡ZAP!

—Siempre te querré a ti, mi amor. ¡ZAP!

—Quiero hacerle una pregunta; usted, al recibir el Premio Nobel de Energía afirmó que el futuro que nos espera es mucho más negro de lo que pensamos —interesante, pensó Alberto.

—Sí, efectivamente. Las grandes ciudades del futuro provocarán el efecto invernadero y una megapolución si no hacemos algo. Habrá tanta superpoblación que tendremos que cultivar en grandes huertos urbanos para alimentarnos. Para no terminar con los combustibles fósiles, tendremos que reducir el número de coches y los kilómetros recorridos por los aviones. Habrá islas-vertedero para eliminar los residuos. Se tendrá que ahorrar energía utilizando los elementos de la naturaleza como el sol, el viento o la lluvia. ¡ZAP!

—Buenos días, les presento a William Mitchell, del Instituto Tecnológico de Massachusetts. ¿Cómo piensa usted que serán las ciudades del futuro?

—Bueno, yo pienso que estarán diseñadas como organismos vivos, con inteligencia propia. Las calles y edificios tendrán luces inteligentes que cambiarán de color e intensidad dependiendo de la hora del día. Tanto dentro como fuera de casa, habrá sensores que nos informarán de todo lo que sucede; como, por ejemplo, tener información de los edificios o monumentos de una ciudad solo con enfocarlos con un móvil. ¡ZAP!

—Necesito montar en una nave para teletransportarme en una milésima de segundo a mi planeta, si no, se cerrarán los accesos y no podré entrar. ¡¡Necesito ayuda!! —gritó Alberto.

—Despierta, hijo. Has tenido una pesadilla. Alberto miró a su madre, a su alrededor, y se sintió feliz de encontrarse en el siglo XXI.

6 **Contesta a estas preguntas.**

a ¿Qué cuenta el relato?
- ☐ Un día en la vida de Alberto.
- ☐ Un sueño.
- ☐ Un viaje al futuro.

b ¿Cuál de las visiones sobre el futuro te parece más optimista: la del primer científico o la del segundo?

....

....

....

c ¿Cuál te parece más realista?

....

....

d ¿Con cuál de los dos estás de acuerdo?

....

....

e ¿Por qué crees que Alberto se alegra cuando su madre lo despierta?

....

....

7 **Ahora imagina cómo será la vida dentro de 100 años. Escríbelo en tu cuaderno.**

- Alimentación
- Vivienda
- Educación
- Transporte
- Trabajo

8 **Compara tus hipótesis con las de tu compañero/a. ¿Coincidís en muchas cosas?**

Actividades interactivas 

Prueba de comprensión de lectura

1 **Teo va a pasar unos días en Lanzarote y le escribe un correo electrónico a su amigo Luis, que vive allí, para pedirle información sobre la isla. Lee el texto y elige la respuesta correcta (a, b, c).**

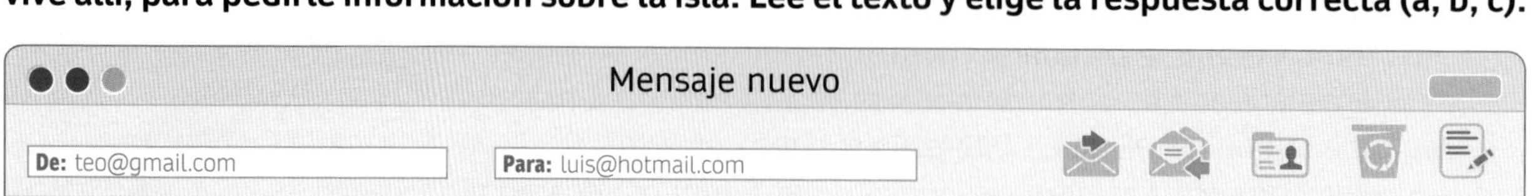

Hola, Luis:

¿Qué tal va todo? Me imagino que seguirás de exámenes. ¡Con lo estudioso que eres, seguro que sacas unas notas increíbles!
Te escribo para decirte que el mes que viene tendré unos días de vacaciones y quiero ir a Lanzarote. Supongo que estarás allí y que podremos hacer muchas cosas juntos. Por cierto, pienso llevarme mi tabla de surf. Me han dicho que allí hay unas olas fantásticas, ¿me puedes dar alguna información sobre las playas? También quiero ir un día a la isla La Graciosa. He leído en internet que es muy bonita y que se puede bucear en ella. ¿Vendrás conmigo? Me imagino que tú sabrás dónde alquilar los equipos. Por cierto, ¿conoces algún *camping* recomendable?

Como ves, no pienso parar ni un solo día. Y por la noche, supongo que me enseñarás los lugares de marcha...

¡Espero tu correo! Un abrazo,

Teo

1 Teo escribe un correo sobre...
- a sus últimas vacaciones.
- b sus exámenes.
- c sus próximas vacaciones.

2 Teo pide información sobre...
- a playas y alojamiento.
- b playas y gastronomía.
- c playas, gastronomía y alojamiento.

3 Teo tiene información sobre la isla...
- a por sus amigos.
- b porque se la ha dado Luis.
- c porque se lo han contado y por internet.

4 En el correo, Teo...
- a solo pide información a su amigo.
- b pide información a su amigo y le propone hacer actividades juntos.
- c solo le propone a su amigo hacer actividades juntos.

5 Teo quiere practicar...

Prueba de expresión e interacción escritas

2 **Quieres pasar unos días en un *camping*. Escribe un correo al *camping* para pedir información. En él debes preguntar:**

- Si hay plazas libres los días que quieres ir de vacaciones.
- Si el acceso a la piscina y a las instalaciones deportivas está incluido en el precio.
- Si aceptan mascotas.

Cuaderno de ejercicios p. 65 y 66

Actividades interactivas

EVALUACIÓN

1 Di si las siguientes frases son conjeturas (C) o promesas (P).

__/4

a Me imagino que mañana tendré que ir a hacer la compra. (C) (P)
b Te prometo que no lo volveré a hacer. (C) (P)
c Supongo que no irá a la fiesta. (C) (P)
d Mañana te traeré el libro sin falta. (C) (P)

2 Escribe estos verbos en futuro imperfecto.

__/6

a Tener, 1.ª pers. sing ➔ ....
b Caber, 3.ª pers. sing ➔ ....
c Poder, 2.ª pers. plural ➔ ....
d Venir, 1.ª pers. plural ➔ ....
e Ir, 2.ª pers. plural ➔ ....
f Salir, 2.ª pers. plural ➔ ....

3 Ordena estas expresiones de más a menos cercanas en el futuro.

__/4

a ☐ Pasado mañana.
b ☐ El año que viene.
c ☐ El próximo verano.
d ☐ Dentro de poco.
e ☐ Dentro de 10 años.
f ☐ Mañana.

4 Completa las frases con el verbo entre paréntesis en el tiempo correspondiente.

__/6

a Si todo .... (ir) bien, dentro de dos años .... (ir, yo) a la universidad.
b .... (Llegar, nosotros) tarde si .... (perder, nosotros) el autobús.
c Si no me .... (llamar) Juan, lo .... (llamar) yo.

5 Completa el texto con las siguientes palabras.

__/7

sequía ▪ deforestación ▪ consumo responsable ▪ energías renovables
calentamiento global ▪ contaminación ▪ deshielo

a Si no llueve, habrá ....
b El .... del planeta está provocando el .... de los polos.
c Los países deberían apostar por las .... y el .... para reducir la ....
d Si no detenemos la ...., nos quedaremos sin selva.

6 Completa las frases con las palabras propuestas.

__/6

candidato ▪ programa ▪ victoria ▪ elecciones ▪ votos ▪ partidos

a Antes de las .... los .... políticos presentan su .... para dar a conocer sus proyectos.
b Hasta que no se cuentan todos los .... no se puede saber qué .... ha conseguido la ....

Ahora soy capaz de...

a ...hablar de planes y proyectos. (Sí) (No)
b ...hacer conjeturas. (Sí) (No)
c ...expresar condiciones. (Sí) (No)
d ...hablar del medioambiente y de política. (Sí) (No)

Sigue practicando con...

Actividades interactivas

Unidad 6

COSAS DE CASA

Comunicación
- Pedir permiso, concederlo y denegarlo
- Invitar u ofrecer
- Dar consejos, órdenes e instrucciones

Vocabulario
- Las tareas domésticas
- Los deportes

Gramática
- Imperativo afirmativo y negativo

Pronunciación y ortografía
- La entonación

Sesión de cine
- *¡Quiero ir al concierto!*

Cultura
- Normas sociales

Literatura
- *Mi abuela Eva*
- *Como agua para chocolate*, de Laura Esquivel

¿Qué ves?

1 Observa la fotografía y habla con tu compañero/a.

a ¿Qué miembros de la familia aparecen en esta foto?

b ¿Crees que se llevan bien? ¿Qué están haciendo?

c Y tú, ¿te llevas bien con tu familia? ¿Qué cosas hacéis juntos?

2 Vas a conocer a una familia muy particular: los Pérez-Garrido. Lee la información sobre esta familia y completa las fichas de la página siguiente. Fíjate en los dibujos.

Pilar Garrido, que es pintora, tuvo a Nerea con 30 años. Tiene tres años menos que su marido **Antonio Pérez.** A él le gusta la música clásica, pero a su hijo **Darío** le gusta el *heavy*. Darío tiene cuatro años menos que **Nerea** y cuatro más que su otra hermana. **Macarena** tiene 11 años y **Juan**, el abuelo, que está jubilado y le gusta cantar, tiene 77 años.

Comenzamos con un diálogo

Nombre ....

Profesión ....

Edad ....

Gustos ....

Nombre ....

Profesión ....

Edad ....

Gustos Ir al cine

Nombre ....

Profesión ....

Edad ....

Gustos ....

Nombre Darío

Profesión ....

Edad ....

Gustos ....

Nombre ....

Profesión ....

Edad ....

Gustos ....

Nombre ....

Profesión médico

Edad ....

Gustos ....

40 **3 Escucha el diálogo y contesta verdadero (V) o falso (F).**

Ernesto: ¡Últimamente mis padres se quejan por todo!

Darío: ¿Por qué dices eso? Tus padres son muy majos.

Ernesto: Pues ahora se han vuelto superestrictos con todo. Me han dicho que entre semana no puedo llegar a casa más tarde de las ocho. Bueno, menos los días que tengo tenis, que tengo que estar en casa a las diez de la noche. Me han dicho que si llego un minuto más tarde, me castigarán sin salir.

Darío: ¡Pero si salimos de entrenar a las nueve y media! ¡Tendrás que irte corriendo a casa! ¡Y sin ducharte!

Ernesto: Además, ahora dicen que no hacemos nada en casa y que tenemos que colaborar más.

Darío: ¡Uf! ¡Qué rollo! Mi madre el año pasado hizo una lista con las tareas que tenía que hacer cada uno, ¡y fue un desastre!

Ernesto: ¿Y eso?

Darío: Mi abuelo era el encargado de hacer la compra, pero lo que hacía era pagar 15 euros a mi hermana si iba ella. Ella me pagaba 10 euros a mí y mientras ella "estaba haciendo la compra" se iba de paseo. Y como yo odio ir al supermercado, pues le pagaba 5 euros a mi hermana pequeña, ¡y ella encantada!

Ernesto: ¿Y tus padres no se enteraban?

Darío: Al principio no, pero un día vieron a Maca salir del súper y lo descubrieron.

Ernesto: ¿Y cómo reaccionaron?

Darío: Pues decidieron que con los 15 euros del abuelo, los 10 de Nerea y mis 5, podían pagar a alguien para limpiar la casa una hora a la semana. ¡Pero nosotros tenemos que seguir haciendo nuestra parte!, ¡y además nos cuesta dinero!

Ernesto: ¡Ja, ja! ¡Tus padres sí que saben!

- **a** Ernesto no puede llegar a casa ningún día más tarde de las ocho. (V) (F)
- **b** Según la opinión de Darío, los padres de Ernesto son muy simpáticos. (V) (F)
- **c** Nerea conseguía cinco euros por no hacer la compra. (V) (F)
- **d** La persona que limpia en la casa de Darío va una hora a la semana. (V) (F)
- **e** Los padres de Darío descubrieron la verdad porque el abuelo lo contó todo. (V) (F)

Actividades interactivas

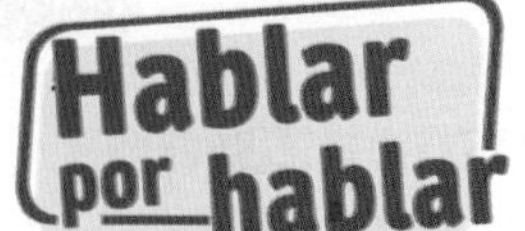

COMUNICACIÓN

PEDIR PERMISO, CONCEDERLO Y DENEGARLO

- Para **pedir permiso**:
  - *¿**Puedo/Podría** coger un poco de pastel?*
  - *¿**Te/Le importa** si cojo un poco de pastel?*
- Para **conceder permiso**:
  - ***Sí, claro**, coge, coge.*
  - ***Por supuesto**.*
  - ***Sí, pero** déjale un poco a tu hermano.*
- Para **denegar un permiso**:
  - ***No, (lo siento) es que** lo he hecho para llevarlo a la fiesta de Ana.*
  - ***¡Ni hablar!***
  - ***¡De ninguna manera!***

INVITAR U OFRECER

- Para **invitar** u **ofrecer**:
  - *¿**Quieres** un poco de pastel?*
  - ***Coge, coge**.*
  - ***Toma**.*
- Para **responder**:
  - ***Sí, gracias**.*
  - ***No, gracias, es que** no me gustan los dulces.*

1 **Completa los diálogos con las expresiones del recuadro.**

- quieres
- no
- puedo
- coge un poco
- es que
- sí, claro

Diálogo 1

- Ya sé que estás leyendo, pero... ¿**a** .... poner la tele?
- **b** ...., ponla. A mí no me molesta el ruido mientras leo.
- Vale, gracias, es que ahora hay un programa que me encanta.

Diálogo 2

- ¿**c** .... probar la pizza que he hecho?
- **d** ...., gracias, **e** .... acabo de comer.
- Anda, **f** ...., solo para probarla. Ya verás qué rica me sale.
- Bueno, la probaré, pero ponme solo un poquito.

41 **2** **Escucha los siguientes diálogos y marca la opción correcta.**

	Diálogo 1	Diálogo 2	Diálogo 3	Diálogo 4
a Conceder permiso.	☐	☐	☐	☐
b Denegar permiso.	☐	☐	☐	☐
c Aceptar una invitación.	☐	☐	☐	☐
d Denegar una invitación.	☐	☐	☐	☐

3 **Habla con tu compañero/a siguiendo las instrucciones.**

Alumno A

Situación 1. Empiezas tú.
- Pide permiso a tu compañero/a para hacer algo.

Situación 2. Empieza tu compañero/a.
- Acepta o rechaza su invitación.

Alumno B

Situación 1. Empieza tu compañero/a.
- Concede o deniega el permiso a tu compañero/a.

Situación 2. Empiezas tú.
- Invita a algo u ofrece algo a tu compañero/a.

Cuaderno de ejercicios p. 67 a 70 

PEDIR Y DAR INSTRUCCIONES

- Para **pedir instrucciones**:
  - *¿**Puedes/Podrías decirme cómo** hago el pastel?*
  - *¿**Sabes cómo** ir al centro?*
  - ***Perdone/Perdona**, ¿**para** ir a la estación?*
- Para **dar instrucciones**:
  - ***Sí, mira, haz/coge/ve**...*
  - ***Sí,** primero **gira** a la derecha, **sigue** todo recto, después **cruza** la calle...*
  - ***Sí, tiene/tienes que** coger/hacer/ir...*

PEDIR Y DAR CONSEJOS O RECOMENDACIONES

- Últimamente no me concentro a la hora de estudiar, **¿qué puedo hacer?**
- ***Tendrías que/Deberías** ir a la biblioteca/hacer deporte/probar la jalea real.*
- *¿**Por qué no** vas a la biblioteca/haces deporte/pruebas la jalea real?*
- ***Ve** a la biblioteca/**Haz** deporte/**Prueba** la jalea real.*

DAR ÓRDENES

- ***Coge/Haz/Ven**...*
- *Pedro, **haz** los deberes antes de ver la tele.*

4 Relaciona para formar diálogos.

1 Sí, claro. Sigue todo recto y después gira la primera calle a la izquierda...
2 Que sí, mamá, ¡qué pesada...!
3 ¿Y por qué no empiezas a estudiar ya? Estudia un tema cada día. Aún falta una semana...

5 Marca qué hacen en las frases del ejercicio 4.

a Pedir consejos.	a	b	c	1	2	3
b Dar consejos.	a	b	c	1	2	3
c Pedir instrucciones.	a	b	c	1	2	3
d Dar instrucciones.	a	b	c	1	2	3
e Dar órdenes.	a	b	c	1	2	3
f Aceptar órdenes.	a	b	c	1	2	3

6 Habla con tu compañero/a. Elige una de estas situaciones y cuéntasela. Él/Ella debe reaccionar.

a Últimamente duermes poco, solo dos o tres horas. Pide consejo a tu compañero/a.
b No sabes cómo mandar un mensaje desde tu móvil nuevo. Pregunta a tu compañero/a.
c Necesitas ir a la secretaría de tu instituto y no sabes dónde está. Tu compañero/a sí lo sabe.
d Quieres irte de viaje el fin de semana, pero el lunes tienes un examen y no sabes qué hacer. Pide consejo a tu compañero/a.

Cuaderno de ejercicios p. 70 Actividades interactivas 

D C

Palabra por palabra VOCABULARIO

Las tareas domésticas

42 **1 Escucha los diálogos y ordena las imágenes.**

☐ hacer la cama

☐ tender la ropa

☐ hacer la comida

☐ fregar los platos

☐ tirar la basura

☐ poner la mesa

☐ poner la lavadora

☐ planchar

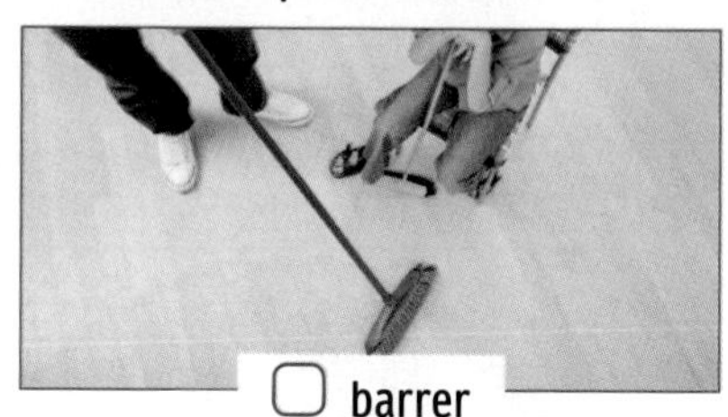
☐ barrer

2 Completa las frases con los verbos correctos.

- a Lo contrario de "poner la mesa" es .... la mesa.
- b A veces cuando haces la cama también .... las sábanas.
- c Si limpio el suelo sin agua, lo ...., y si lo limpio con agua, lo ....
- d Después de poner la lavadora, ... la ropa.
- e Lo hago con el polvo, los cristales y el baño, y es lo contrario de "ensuciar": ....
- f Antes de comer tengo que .... la comida.
- g Antes de ponerte la ropa, la ....

- fregar
- tender
- quitar
- limpiar
- hacer
- planchar
- barrer
- cambiar

3 Pilar Garrido ha decidido repartir las tareas de casa entre los miembros de la familia. Relaciona las instrucciones con sus imágenes.

1 Nerea, haz la comida a tus hermanos, pero no la quemes.

2 Papá, plancha la ropa, pero no la quemes.

3 Darío, cambia las sábanas y haz la cama.

4 Antonio, pon la lavadora, pero no mezcles la ropa blanca y de color.

a ☐

b ☐

c ☐

d ☐

4 Habla con tu compañero/a. ¿Qué tareas domésticas hacéis en casa? ¿Cuál os gusta menos? ¿Por qué?

Cuaderno de ejercicios p. 71

Los deportes

5 **Clasifica las siguientes palabras en la columna correspondiente. ¡Atención!, algunas pueden ir en más de una columna. Si lo necesitas, usa el diccionario.**

- ~~fútbol~~
- golpear
- tenis
- balón
- waterpolo
- pelota
- falta
- portería
- ~~pared~~
- *squash*
- raqueta
- portero
- chutar
- marcar un gol
- set
- lanzar
- cancha
- campo
- flotar
- botar
- balonmano
- jugador
- pase
- ventaja
- rebotar

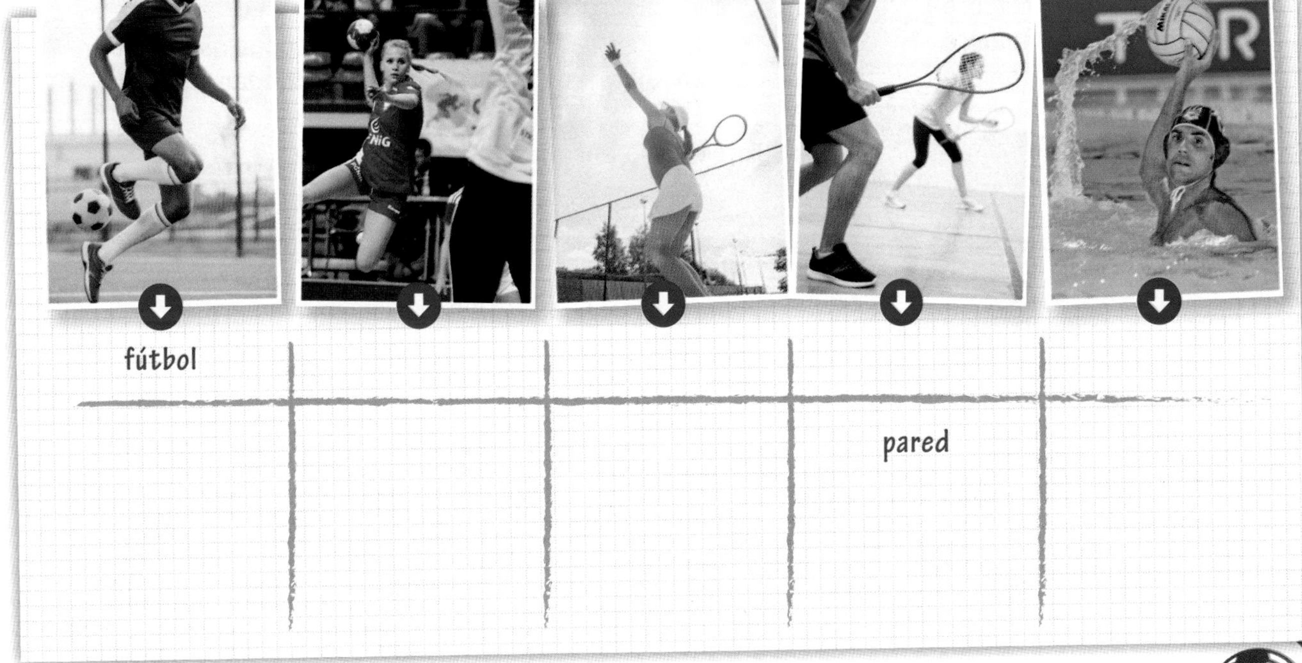

6 **Juega con tu compañero/a. Tenéis que adivinar a qué deporte se refiere cada texto.**

- Consigue una raqueta de cuerdas y una pelota pequeña.
- Busca un adversario para jugar.
- Si el jugador contrario te ha lanzado la pelota, no permitas que esta bote dos veces o más en el suelo o él conseguirá el punto.
- Para ganar puntos, intenta que el adversario no pueda responder a tus golpes.
- Para poder jugar, encuentra un espacio cerrado rodeado de paredes.
- Golpea la pelota con la raqueta y haz que rebote en la pared frontal de la cancha.

Deporte: ....

- Forma dos equipos. En cada uno tiene que haber un portero.
- Durante el partido, intenta marcar el mayor número de goles al equipo contrario.
- Para marcar un gol, lanza la pelota hacia la portería contraria. Si la metes dentro, habrás marcado.
- Intenta robar el balón al jugador del equipo contrario, pero no lo agarres porque cometerás falta. No cometas faltas porque podrás ser expulsado.
- Para marcar gol, utiliza cualquier parte del cuerpo, pero si usas la mano, esta tiene que estar abierta.
- No pises el suelo de la piscina, está prohibido. Tienes que mantenerte flotando durante todo el partido.

Deporte: ....

7 **Seguro que conoces bien otros deportes. Sigue el juego anterior. Escribe frases sobre sus reglas y léeselas a tu compañero/a.**

Cuaderno de ejercicios p. 72

Actividades interactivas

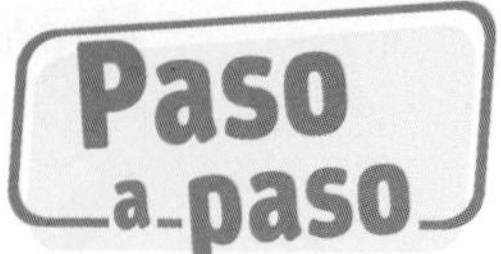

GRAMÁTICA

IMPERATIVO AFIRMATIVO

- El **imperativo afirmativo** se usa para dar órdenes, invitar u ofrecer, dar consejos o recomendaciones y dar permiso.

Verbos regulares

	comprar	**comer**	**subir**
tú	compr**a**	com**e**	sub**e**
vosotros/as	compr**ad**	com**ed**	sub**id**
usted	compr**e**	com**a**	sub**a**
ustedes	compr**en**	com**an**	sub**an**

Algunos verbos irregulares

decir	**hacer**	**poner**	**tener**
di	**haz**	**pon**	**ten**
dec**id**	hac**ed**	pon**ed**	ten**ed**
diga	**haga**	**ponga**	**tenga**
digan	**hagan**	**pongan**	**tengan**

- **Imperativo afirmativo + pronombres:**
  Los pronombres objeto directo, indirecto y reflexivo se colocan detrás del imperativo, formando una sola palabra:
  – *Pon el queso en la nevera.* ➜ ***Ponlo** en la nevera.*
  – *Dime el secreto.* ➜ ***Dímelo**.*

Ver **Apéndice gramatical** p. 122  Videogramas 

1 **Completa las frases conjugando en imperativo afirmativo los verbos entre paréntesis.**

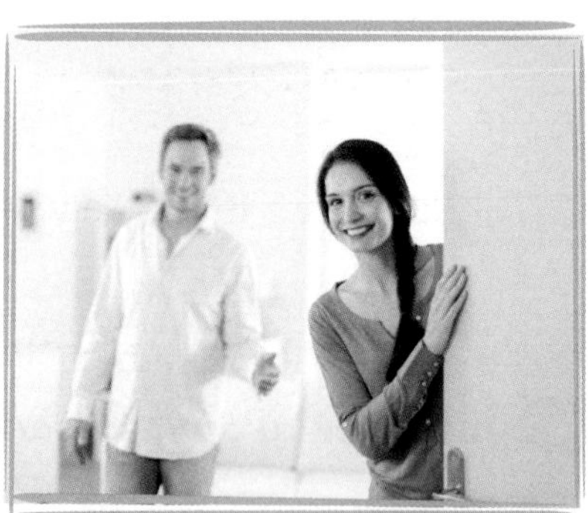

a Por favor, ... (entrar, usted).
b Chicos, ... (guardar, vosotros) los libros.
c .... (Mirar, ustedes) por la ventana.
d .... (Escribir, vosotros) en el cuaderno.
e Pedro, ... (leer, tú) este libro.
f .... (Escuchar, usted) atentamente.

2 **Los señores Pérez-Garrido se van de viaje. Lee la nota que ha dejado la madre al abuelo y a los hijos y escribe en imperativo afirmativo los verbos entre paréntesis.**

Nerea, **a** .... (poner) el despertador para no quedarte dormida por la mañana y **b** .... (tener) cuidado de no dejarte el fuego de la cocina encendido.
Darío, puedes jugar un poco a la videoconsola si quieres, pero antes **c** .... (hacer) los deberes.
Y Macarena, tú **d** .... (sacar) al perro a pasear después del colegio.
Papá, **e** .... (tener) cuidado si sales a la calle y **f** .... (coger) las llaves, que siempre te las olvidas.
Y, por favor, **g** .... (dejar) la casa ordenada.

3 **Transforma las siguientes frases en órdenes y sustituye las palabras por pronombres cuando sea posible.**

a Colocar la película en la estantería. (vosotros) ➜ *Colocadla en la estantería.*
b Comprar la comida al perro. (tú) ➜ ....
c Dejar las cosas en su sitio. (ustedes) ➜ ....
d Meter el pescado en la nevera. (usted) ➜ ....
e Poner el despertador a tu hermano. (tú) ➜ ....

Cuaderno de ejercicios p. 73 y 74 

IMPERATIVO NEGATIVO

- El **imperativo negativo** se usa para dar órdenes, consejos, recomendaciones y prohibiciones.

Verbos regulares

	comprar	comer	subir
tú	no compr**es**	no com**as**	no sub**as**
vosotros/as	no compr**éis**	no com**áis**	no sub**áis**
usted	no compr**e**	no com**a**	no sub**a**
ustedes	no compr**en**	no com**an**	no sub**an**

Algunos verbos irregulares

decir	hacer
no **digas**	no **hagas**
no **digáis**	no **hagáis**
no **diga**	no **haga**
no **digan**	no **hagan**

poner	tener
no **pongas**	no **tengas**
no **pongáis**	no **tengáis**
no **ponga**	no **tenga**
no **pongan**	no **tengan**

- Forma:
  - **usted/ustedes**: se forma igual que el imperativo afirmativo.

    (usted) compr**e** ➜ no compr**e**
    (ustedes) compr**en** ➜ no compr**en**
  - **tú**: se añade **-s** al imperativo negativo de **usted**.

    (usted) no compr**e** ➜ (tú) no compr**es**
  - **vosotros**: se añade **-is** al imperativo negativo de **usted**.

    (usted) no compr**e** ➜ (vosotros) no compr**éis**.

Ver **Apéndice gramatical** p. 123 

Videogramas 

- **Imperativo negativo + pronombres:**
  Los pronombres objeto directo, indirecto y reflexivo se colocan delante del imperativo, separados.

  – No **lo** pongas, no **me lo** digas, no **las** cojas, no **te lo** pienses, no **te** olvides...

4 **El señor Pérez también ha escrito otra nota. Completa los espacios con los verbos del recuadro usando el imperativo negativo.**

pelearse ▪ comer ▪ ponerse ▪ poner ▪ olvidar ▪ quedarse ▪ llegar

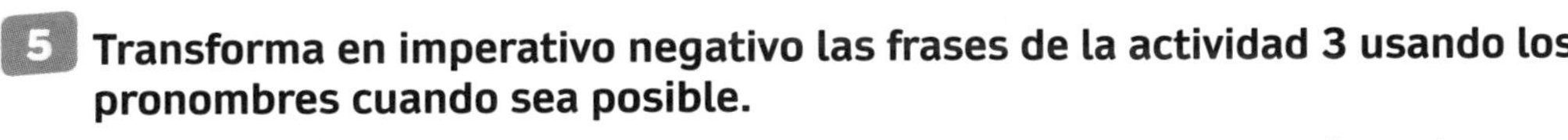

Darío, no **a** .... solo pizzas, tienes que comer lo que cocine tu hermana.
Macarena, tú eres la encargada de Hueso. No **b** .... ponerle la comida y el agua todos los días, y ¡no **c** .... los zapatos de tu hermana!
Nerea, no **d** .... tarde, ni **e** .... dormida viendo la tele en el sofá.
Abuelo, no **f** .... la radio muy alta, que después se quejan los vecinos.
Y a todos, por favor, no **g** ....

5 **Transforma en imperativo negativo las frases de la actividad 3 usando los pronombres cuando sea posible.**

a Colocar la película en la estantería. (vosotros) ➜ *No la coloquéis en la estantería.*
b Comprar la comida al perro. (tú) ➜ ....
c Dejar las cosas en su sitio. (ustedes) ➜ ....
d Meter el pescado en la nevera. (usted) ➜ ....
e Poner el despertador a tu hermano. (tú) ➜ ....

Cuaderno de ejercicios p. 74 a 76 Actividades interactivas

PRONUNCIACIÓN Y ORTOGRAFÍA

La entonación

- La entonación es un elemento importante en la producción oral. En español, existen principalmente cinco tipos de entonación:
  - **Entonación enunciativa.** *Estudio español.* *Está duchándose.*
  - **Entonación imperativa.** *Haz los deberes.* *Pon la mesa.*
  - **Entonación exclamativa.** *¡Qué interesante!* *¡Ya he terminado!*
  - **Entonación interrogativa.** **Abierta:** *¿Dónde vives?* **Cerrada:** *¿Tienes un diccionario?*
  - **Entonación suspendida.** *Pues si no lo sabe él...* *¡Es tan cursi...!*

43 **1 Escucha los ejemplos anteriores y repite.**

44 **2 Escucha y señala el enunciado correcto.**

a	b	c	d
☐ Ya ha venido.	☐ No lo quiere.	☐ Habla español.	☐ Es que no puede.
☐ ¡Ya ha venido!	☐ ¡No lo quiere!	☐ ¡Habla español!	☐ ¡Es que no puede!
☐ ¿Ya ha venido?	☐ ¿No lo quiere?	☐ ¿Habla español?	☐ ¿Es que no puede?
☐ Ya ha venido...	☐ No lo quiere...	☐ Habla español...	☐ Es que no puede...

45 **3 Escucha el siguiente diálogo y escribe los signos de puntuación necesarios según la entonación que emplean.**

- **a** ▶ Cuándo vendrá Marcos
- **b** ▷ Supongo que el domingo
- **c** ▶ Pues si viene el domingo
- **d** ▷ Acaso te viene mal
- **e** ▶ Cómo dices eso
- **f** ▷ La verdad es que no te entiendo
- **g** ▶ Cuando no lo dices
- **h** ▷ Quieres hablar claro
- **i** ▶ Déjame que te explique
- **j** ▷ Pues habla ya

46 **4 Dictado.**

Cuaderno de ejercicios p. 77 Actividades interactivas

VÍDEO

¡Quiero ir al concierto!

SINOPSIS

Marcos está triste porque quiere ir al concierto de U2, pero no tiene dinero suficiente para pagarse la entrada. Sus amigos le dicen cómo puede ganar algo de dinero y, así, poder ir al concierto de su grupo favorito.

1 **¿Sabes qué significa "hacer de canguro"? Observa las siguientes imágenes y averígualo. Trabaja con tu compañero/a.**

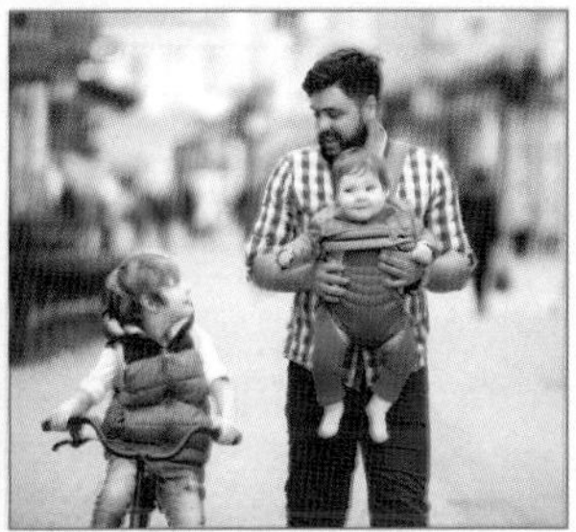

2 **Elige un rol y representa la situación con tu compañero/a.**

Alumno A

Tu compañero/a va a hacer de canguro. Dale algunos consejos. Antes necesitas saber:

- ¿Edad del niño?
- ¿Relación que tiene con él?
- ¿Horas que tiene que estar?
- ¿Tareas y actividades?
- euros/hora

Alumno B

Vas a hacer de canguro. Pide consejos a tu compañero/a.

- 7 años.
- Hijo de los vecinos (lo conoces desde que nació).
- Desde las 17:00 hasta las 00:00h.
- Recogerlo del colegio; hacer las tareas; juegos (no sabes qué hacer); ducha (odia el jabón); cena (no le gusta nada); acostarse (es hiperactivo).
- 8 euros/hora.

3 **Observa el vídeo y haz las actividades que te va a repartir tu profesor/a.**

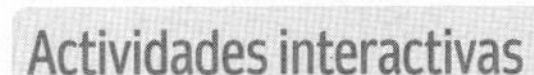

1 **Habla con tu compañero/a. Según tú, ¿cómo reaccionan los españoles en estas situaciones? ¿Y tú? Hay más de una opción posible.**

▸ *Yo creo que los españoles...* ▹ *En cambio yo...*

1 En las casas...
  a siempre piden todo "por favor" y luego dan las "gracias".
  b solo dicen "por favor" y "gracias" cuando piden algo que supone un esfuerzo extra para la otra persona.

2 Cuando ofrecen algo es normal...
  a ofrecerlo varias veces, sobre todo si es su amigo.
  b ofrecerlo varias veces, sobre todo si es una persona que no conocen mucho.

3 El tono en el que se dicen las cosas...
  a no es tan importante como pedir las cosas "por favor".
  b es tan importante como pedir las cosas "por favor".

4 En una tienda es más frecuente oír...
  a "Hola, un kilo de tomates y luego me pones también uno de fresas".
  b "Buenas tardes, ¿podría ponerme un kilo de tomates, por favor?".

5 Cuando alguien dice "gracias", la otra persona...
  a dice: "No hay de qué".
  b dice: "De nada".
  c sonríe.

6 Cuando alguien les hace un cumplido, por ejemplo: "¡Qué zapatos más bonitos llevas!", las respuestas más comunes son...
  a "¡Buah! Pues tienen un montón de años".
  b "Sí, ¿verdad?".
  c "Pues me han costado baratísimos".
  d "Lo sé. A mí también me encantan".

7 Cuando les regalan algo...
  a nunca abren el regalo delante de la persona.
  b siempre dan las gracias y ponen cara de sorpresa e ilusión.
  c no es necesario dar las gracias y si no les gusta, lo pueden decir.

2 **Ahora lee el texto y comprueba tus hipótesis. ¿Es igual en tu país?**

¿Los españoles son maleducados?

Muchas veces los extranjeros piensan que los españoles son maleducados porque piden las cosas muy directamente y porque palabras como "perdón", "gracias" y "por favor" se oyen con bastante menos frecuencia que en otros países. Sin embargo, hay que ser conscientes de que la educación es algo muy relativo, y lo que para una cultura es ofensivo no tiene que serlo para otra.

Cuando algunos extranjeros usan en exceso *por favor*, *gracias* o *perdón*, puede resultar extraño para un español. El motivo es que, en España, estas palabras están reservadas para momentos en los que las personas sienten verdaderamente que están pidiendo un favor, están realmente agradecidas o sienten algo de verdad. Por ejemplo, cuando el dependiente te da los tomates en el supermercado, no es necesario dar las gracias y lo más normal es no hacerlo, pero si el dependiente ha elegido esos tomates especialmente para ti, entonces sí hay que darlas.

Otras situaciones en las que también puede haber malentendidos culturales es a la hora de recibir cumplidos, hacer invitaciones o recibir regalos. Cuando a un español le dicen algo positivo para alabar una cualidad o elogiar algo que tiene, él siempre lo niega o dice o hace un gesto para quitarle importancia. Esto lo hace para parecer modesto, cualidad que se valora mucho en España.

Respecto a las invitaciones, lo normal es no aceptar la invitación a la primera. Generalmente se dice que no la primera vez o, incluso, una segunda vez (sobre todo cuando no hay mucha confianza con esa persona, no tanto entre amigos). Al español le gusta insistir, así que lo normal es aceptar a la tercera, y si realmente no se quiere, hay que dar una buena excusa. En cuanto a los regalos, siempre hay que abrirlos en presencia de quien te los ha regalado, y si es algo de comer, hay que abrirlo en el momento y compartirlo con los demás. Además, hay que mostrar ilusión y sorpresa, aunque el regalo te parezca horroroso, y nunca parecer decepcionado.

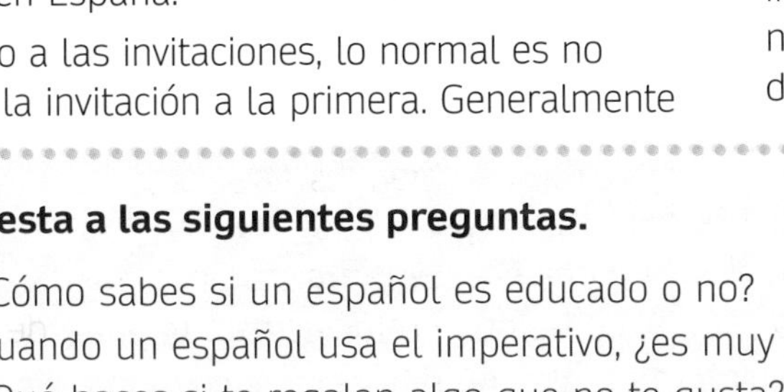

Entonces, ¿cómo distinguimos a un español educado de uno maleducado? Desde luego no va a ser por el número de veces que un español dice "gracias" o "por favor". Para los españoles, la educación está en el tono en el que se dicen las cosas y en los gestos que se hacen. Por eso, por ejemplo, es muy importante usar el imperativo en un tono adecuado para que no parezca una orden, y hay que tener presente que el imperativo en español no solo se usa para dar órdenes.

3 **Contesta a las siguientes preguntas.**

- **a** ¿Cómo sabes si un español es educado o no?
- **b** Cuando un español usa el imperativo, ¿es muy brusco?
- **c** ¿Qué haces si te regalan algo que no te gusta?
- **d** ¿Qué respondes si te dicen que tu jersey es muy bonito?

SOCIEDAD | LA BUENA EDUCACIÓN

¿Qué suelen pensar los extranjeros del comportamiento social de los españoles?

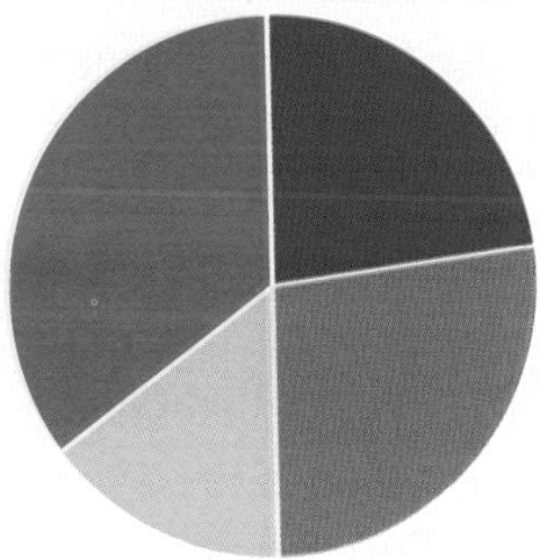

- Que no son puntuales.
- Que hablan alto.
- Que no tienen muy buena atención al cliente.
- Que interrumpen mucho.

Cinco comportamientos de buena educación en España.

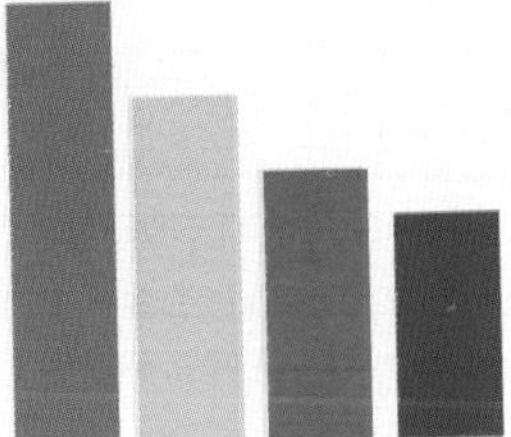

- Utilizar expresiones de cortesía.
- No comer hasta que todos los comensales hayan recibido su comida.
- Taparse la boca al toser o estornudar.
- No abrir la boca al comer.
- Comer con cubiertos.

"Creo que los españoles hablan muy alto. En Finlandia hablamos mucho más bajo. Allí se considera de mala educación hablar alto. Por eso algunas personas pueden pensar que los españoles son groseros", dice Karen Laatvala, una estudiante que vive en Salamanca.

Cuaderno de ejercicios p. 77 y 78 

Actividades interactivas 

Érase una vez... LITERATURA

1 **Lee la siguiente frase y contesta a las preguntas con tu compañero/a.**

"En la vida hay que poner el corazón en lo que haces. Si no, no sirve para nada".

a ¿A qué crees que se refiere con "poner el corazón"?

b ¿Estás de acuerdo con la frase?

c Señala las cosas en las que pones el corazón: aficiones, deportes, estudios...

2 **Lee el texto.**

Mi abuela Eva

No sé si creer en las casualidades. Pero resulta que hoy, en el autobús, mientras iba a la escuela, alguien se había dejado olvidado un libro. Ya su portada me atraía a leerlo y a devorarlo. Fíjate si estaba entusiasmada con la historia, que me pasé la parada de la escuela. El libro se llamaba *Como agua para chocolate* y cuenta la vida de Tita y su historia de amor con Pedro. La madre de Tita tuvo a su hija en la cocina, entre los olores de lo que estaba cocinando. Por eso, ya desde el principio, Tita sentía un gran amor por la cocina. Cuando cocinaba, su estado de ánimo influía en los platos que preparaba. Así, si hacía un plato estando alegre, cuando la gente lo comía, también se ponía contenta.

Ahora estoy en mi habitación y sigo leyéndolo sin parar. Quizás también me gusta esta historia porque me recuerda a mi abuela. Ella pasaba mucho tiempo en la cocina y le encantaba cocinar. Además, al igual que Tita, creía que era muy importante cómo te sentías cuando cocinabas. Siempre que podíamos, mi hermano y yo, a la vuelta de la escuela, pasábamos toda la tarde con ella. Cuando nos veía asomar la cabeza por la puerta siempre nos decía:

—Entren, entren. Miren qué estoy preparando.

Nosotros entrábamos hipnotizados. Dejábamos las mochilas en el suelo y nos poníamos manos a la obra.

—Manuela, ayúdame a cortar esta cebolla, y Tomás, lava las papas para cocerlas.

A mi hermano y a mí nos encantaba ser sus ayudantes en la cocina e imaginar que estábamos en uno de los mejores restaurantes de París.

—No, mira, si quieres que esté dulce, recítale un poema. Sí, así... Muy bien... En la vida hay que poner el corazón en lo que haces. Si no, no sirve para nada... Eso es, ponle alegría, que es para la familia...

Daba igual si no lo hacíamos perfecto, ella siempre nos sonreía. Claro, que eso no era muy difícil, porque todo le parecía bien y casi siempre estaba de buen humor. Creo que solamente se enfadaba y se quejaba cuando cortaba la cebolla y le lloraban los ojos.

—Seguro que esto no es bueno. Si lloro ahora cocinando, ¿qué pasará cuando lo coman los invitados? Yo no quiero llorar cocinando. ¿Y si se me caen las lágrimas encima de la comida?

Un día, por su cumpleaños, se nos ocurrió regalarle unas gafas de buceo para cortar cebollas y así perder el miedo a cocinar algo triste. Todavía recuerdo su sonrisa cuando se las puso. Nos dijo que era el mejor regalo del mundo.

3 **Completa con la información del texto de la actividad 2.**

a Empezó a leer ....
b Si estás triste y cocinas, ...
c Estando con ella pensábamos..........
d Las gafas de buceo le sirven para ....
e La abuela siempre nos decía..........
f El libro me recuerda a ella porque..........

4 **El libro *Como agua para chocolate*, que está leyendo la protagonista del relato, forma parte de la corriente literaria del realismo mágico en Hispanoamérica. Lee la definición de este movimiento literario y contesta.**

Este estilo se caracteriza por introducir elementos mágicos como algo normal de la vida cotidiana; forman parte de ella y son aceptados. La realidad y la fantasía se mezclan en la narración.

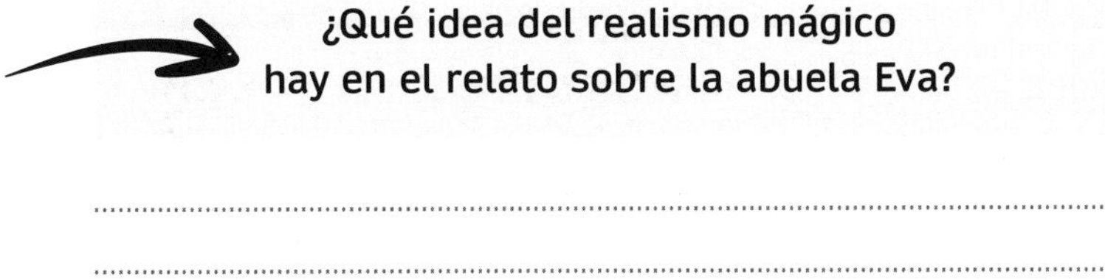

¿Qué idea del realismo mágico hay en el relato sobre la abuela Eva?

....
....
....

5 **Lee y escucha.** 47

Como agua para chocolate

Lo malo de llorar cuando uno pica cebolla no es el simple hecho de llorar, sino que a veces uno empieza, como quien dice, se pica, y ya no puede parar [...]. Dicen que Tita era tan sensible que desde que estaba en el vientre de mi bisabuela lloraba y lloraba cuando esta picaba cebolla; su llanto era tan fuerte que Nacha, la cocinera de la casa, que era medio sorda, lo escuchaba sin esforzarse. Un día los sollozos fueron tan fuertes que provocaron que el parto se adelantara.

(Extraído de *Como agua para chocolate*, Laura Esquivel)

Laura Esquivel

Escritora mexicana que se hizo mundialmente famosa por su novela *Como agua para chocolate*, traducida a más de treinta lenguas. Otra novela conocida suya es *Tan veloz como el deseo*.

6 **Señala el elemento de realismo mágico hay en este fragmento de la novela.**

7 **Escribe sobre una persona importante en tu vida. ¿Puedes utilizar en la narración el realismo mágico?**

Actividades interactivas

Me preparo para el DELE

Prueba de comprensión de lectura

1 Lee el texto y elige la opción correcta.

Si te gusta la interpretación o simplemente quieres conocer gente nueva y pasarlo bien, apúntate ya a nuestro taller de teatro. Puedes hacerlo de 8:00 a 20:30 en el teléfono 916785667; en la recepción de la Casa de la Cultura, C/ Albéniz, 26, Madrid; o a cualquier hora a través de nuestra web: www.casaculturaalcobendas.es

El plazo de inscripción finaliza el 30 de septiembre.

- **Inicio de curso:** viernes 5 de octubre.
- **Horario:** todos los viernes de 18:00 a 20:00.
- **Lugar:** Casa de la Cultura.
- **Edad:** sin límite de edad.
- **Precio:** 25 euros al mes (20 euros para menores de 21 años y mayores de 55).
- **Final de curso:** 24 de junio. Ese día haréis una representación para mostrar a vuestros amigos y familiares todo lo que habéis aprendido.

1 El taller de teatro va dirigido a...
- **a** personas que quieren ser actores profesionales.
- **b** personas que tienen experiencia en el teatro.
- **c** personas a las que les gusta el teatro.

2 El curso...
- **a** es de una hora a la semana.
- **b** dura un año.
- **c** es un día a la semana.

3 El curso es para...
- **a** mayores de 55 años.
- **b** todas las edades.
- **c** personas de entre 21 y 55 años.

4 La inscripción...
- **a** puede hacerse a cualquier hora.
- **b** puede hacerse solo los viernes de 18:00 a 20:00.
- **c** empieza el 30 de septiembre.

5 El precio del curso...
- **a** es de 25 euros.
- **b** es gratis.
- **c** depende de la edad.

6 El último día de curso...
- **a** hay una clase gratis para los amigos y familiares de los alumnos.
- **b** los alumnos van a ver una obra de teatro.
- **c** los alumnos hacen una obra de teatro.

Prueba de expresión e interacción orales

2 Mira la fotografía y habla durante 3 o 5 minutos según las instrucciones.

- **a** Describe el lugar, las personas, los objetos y las acciones.
- **b** Habla sobre las características físicas de las personas y sobre su ropa o las cosas que llevan.

Cuaderno de ejercicios p. 79 y 80 · Actividades interactivas

EVALUACIÓN

1 Relaciona.

_/4

1 ¿Le importa si abro la ventana? Hace mucho calor.
2 ¿Te importa si uso tu móvil?
3 ¿Puedo pasar?
4 ¿Quieres un poco más de sopa?

a ¡Claro! pasa, pasa.
b Llama, llama.
c No, gracias, ya estoy lleno.
d No, por favor, ábrala.

2 Relaciona cada frase con la persona que lo dice.

_/6

1 Vale, pero si me voy es para siempre, así que no me llames más.
2 Perdona, ¿para ir al Museo Picasso?
3 No llegues tarde, que van a venir tus abuelos a cenar.
4 ¡Que sííííí...! ¡Ya me lo has dicho un montón de veces!
5 Coge tus cosas y vete. No quiero verte más.
6 Sigue todo recto, y al final de la calle gira a la izquierda.

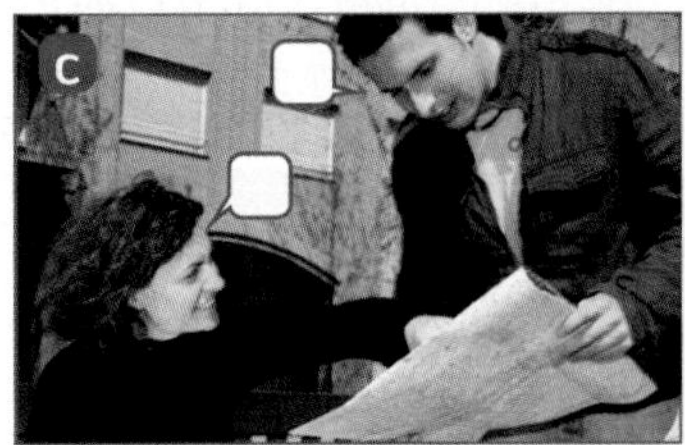

3 Completa con el verbo entre paréntesis conjugado en imperativo.

_/11

Si vas a compartir tu piso con alguien, **a** .... (poner, tú) unas normas para las tareas. **b** .... (Repartir, tú, las tareas) de forma justa. **c** .... (Tener, tú) en cuenta las preferencias de la otra persona. No **d** .... (hacer, tú) solo las tareas que más te gustan a ti. **e** .... (Ser, vosotros) comprensivos el uno con el otro. Si queréis una casa limpia y ordenada, **f** .... (pasar, vosotros) la aspiradora y **g** .... (limpiar, vosotros) el baño una vez a la semana. **h** .... (Fregar, vosotros) los platos cada día y **i** .... (hacerlo, vosotros) bien. **j** .... (Sacar, vosotros) la basura todos los días, si no la casa olerá fatal. No **k** .... (obsesionarse, vosotros) con la limpieza. Si un día no hacéis la cama, no pasa nada.

4 Completa las frases con las palabras de las tareas domésticas y los deportes.

_/7

a No tengo ropa limpia, hay que ....
b Mi madre es alérgica al polvo, así que tenemos que .... y pasar todos los días ....
c En mi casa se cambian las .... los domingos.
d Bernardo es muy malo jugando al fútbol. El otro día, ... el balón y metió gol en su propia ....
e Me han regalado una .... para jugar al tenis igual que la que usa Rafa Nadal.

Ahora soy capaz de...

a	...dar consejos e instrucciones a alguien.	Sí	No
b	...pedir permiso a alguien o dárselo.	Sí	No
c	...entender mejor la entonación española.	Sí	No
d	...usar algunas expresiones sociales.	Sí	No

Sigue practicando con...

Actividades interactivas

Ahora comprueba

1 **Léo, un chico francés, y Andrés, un chico español, van a hacer un intercambio durante unos meses. Lee la siguiente carta de Andrés a Léo dándole algunos consejos para vivir en su casa. Escribe los verbos entre paréntesis en futuro imperfecto.**

¡Hola, Léo! Hoy he recibido tu carta y la verdad es que me alegra mucho saber que finalmente **a** .... (tú, venir) a Madrid en agosto. En esas fechas **b** .... (hacer) mucho calor, pero no te preocupes porque entre semana **c** .... (tú, poder) estar todo el día en la piscina de mi casa. No es muy grande pero **d** .... (tú, pasártelo) muy bien. Los fines de semana mi familia y tú seguramente **e** .... (ir) a la sierra, a casa de mi tía. Allí ya **f** .... (tú, ver) cómo no **g** .... (tú, pasar) tanto calor; incluso por la noche probablemente **h** .... (tú, necesitar) ponerte una chaqueta. Mi hermana seguro que **i** .... (querer) hacer alguna excursión y, si vais a La Pedriza, **j** .... (vosotros, bañarse) en el río. Yo creo que **k** .... (tú, llevarse) muy bien con mi hermana porque, aunque es un poco pesada, la verdad es que es muy divertida. Mi padre es muy hablador, así que te **l** .... (contar) muchas historias de cuando él era joven. Mi madre también habla mucho y además te **m** .... (preguntar) mil veces si quieres algo más de comer y le **n** .... (dar) igual si quieres más o no, porque ella siempre te **ñ** .... (poner) tanta comida ¡que te **o** .... (salir) por las orejas!

48 **2** **Escucha los pequeños diálogos que mantienen los miembros de la familia de Andrés y di qué función tienen.**

	Pedir permiso	Conceder un permiso	Denegar o rechazar un permiso	Dar órdenes	Dar consejos	Dar instrucciones	Invitar u ofrecer
1	☐	☐	☐	☐	☐	☐	☐
2	☐	☐	☐	☐	☐	☐	☐
3	☐	☐	☐	☐	☐	☐	☐
4	☐	☐	☐	☐	☐	☐	☐
5	☐	☐	☐	☐	☐	☐	☐
6	☐	☐	☐	☐	☐	☐	☐
7	☐	☐	☐	☐	☐	☐	☐
8	☐	☐	☐	☐	☐	☐	☐

49 **3** **Escucha las tareas que hay que hacer en casa de Andrés y clasifícalas en la columna correspondiente.**

Hacer	Poner	Recoger	Fregar	Limpiar

4 **¡Mira cómo ha dejado Andrés la habitación! Ayúdale a escribir un correo a Léo, para que la ordene antes de que la vean sus padres. Completa las indicaciones con imperativo y con los pronombres necesarios.**

Mensaje nuevo

De: leo@yamail.es

Asunto: Arreglar la habitación

Léo, ¡ayúdame! ¡Con las prisas no me ha dado tiempo de arreglar la habitación! Esto es lo que hay que hacer:

Me dejé un vaso de agua al lado de la cama. Por favor, **a** *llévalo a la cocina*. No terminé de guardar la ropa en el armario. Por favor, **b** .... tú. Se me olvidó sacar la ropa de entrenar de la bolsa de deporte, **c** .... de la bolsa y **d** .... en la lavadora. No me dio tiempo a hacer la cama, **e** .... tú. No limpié el polvo de la estantería, **f** .... Dejé el escritorio muy desordenado, **g** .... Creo que además me he dejado el ordenador encendido, **h** .... tú.

¡Te prometo que te lo agradeceré toda la vida! :)

5 **Mira las fotos y escribe qué va a hacer el fin de semana la familia de Andrés y cuándo.**

VIERNES

Cine Gran Vía
Sesión de las 20:00

SÁBADO

La Pedriza

DOMINGO

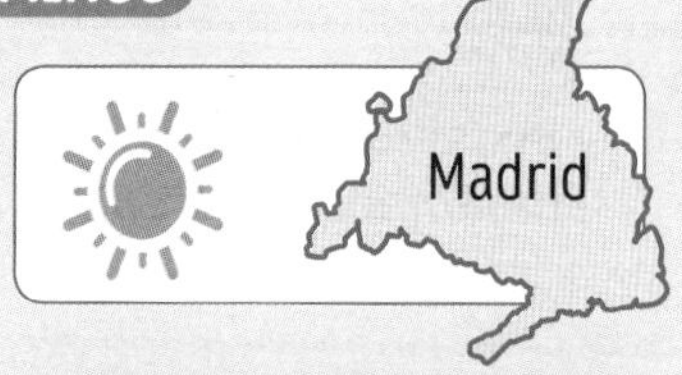

Parque de El Retiro

El fin de semana que viene... ....

....

....

....

....

6 **Imagina que tu compañero/a va a ir a vivir contigo durante un mes. Explícale cómo es tu familia, qué cosas soléis hacer y cómo repartís las tareas. Dale consejos para vivir en tu casa y explícale lo que has planeado hacer durante esos días.**

SUPERLATIVO RELATIVO

- Indica la superioridad o la inferioridad con respecto a otro elemento del mismo grupo:

el/la / **los/las** + sustantivo / Ø + **más** / **menos** + **adjetivo** + **de** + sustantivo / **que** + verbo

– *Mis sobrinas son **las** niñas **más** guapas **de** la familia.*
– *Este camino es **el menos** conocido **de** la zona.*
– *Eres **la** persona **más** curiosa **que** conozco.*

SUPERLATIVO ABSOLUTO

Adjetivo / Adverbio + **ísimo/a/os/as**

EXPANSIÓN GRAMATICAL

- El sufijo se une al adjetivo o al adverbio según las reglas siguientes:
  - terminados en **vocal**: Se sustituye la vocal final por ***–ísimo***:
    - último → ultim-**ísimo**
    - grande → grand-**ísimo**
  - terminados en **consonante**: Se añade ***–ísimo***:
    - fácil → facil**ísimo**
    - difícil → dificil**ísimo**
  - terminados en ***–mente***: Se añade ***–ísimo*** al adjetivo y ***–mente***:
    - rápidamente → rapid– → rapid**ísima**mente

- Casos especiales de superlativo:

bueno/bien	→ **óptimo/a**	pequeño	→ **mínimo/a**
malo/mal	→ **pésimo/a**	alto	→ **supremo/a**
grande	→ **máximo/a**	bajo	→ **ínfimo/a**

– *Creo que es una solución **pésima**.*
– *En estos casos, el director tiene la **máxima** responsabilidad.*

- El superlativo absoluto se forma también anteponiendo al adjetivo algunos adverbios como ***muy***, ***sumamente***, ***extremadamente***, ***altamente***, ***extraordinariamente***:
  – *Nos enseñaron unos cuadros **extraordinariamente** bonitos.*
  – *Era un empleado **altamente** cualificado.*

1 Escribe en tu cuaderno el superlativo absoluto de los siguientes adjetivos:

a altos; **b** guapas; **c** luminoso; **d** grande; **e** cómodas; **f** bello; **g** simpático; **h** rápido; **i** pequeña.

PRETÉRITO PERFECTO

- El pretérito perfecto se forma con el presente indicativo del verbo ***haber*** + el **participio** del verbo que realiza la acción.

he / **has** / **ha** / **hemos** / **habéis** / **han** + [cant- → **ado** (verbos en -**AR**)] / [com-, viv- → **ido** (verbos -**ER**/-**IR**)]

participios irregulares

abrir	→ abierto	**hacer**	→ hecho
decir	→ dicho	**romper**	→ roto
escribir	→ escrito	**ver**	→ visto
poner	→ puesto	**volver**	→ vuelto

- El pretérito perfecto se usa para:
  - hablar de acciones terminadas en un tiempo no especificado: *¿Has leído este libro?*
  - hablar de acciones terminadas en un tiempo no acabado: *Este año he ido a la playa.*

- Normalmente va acompañado de estas **expresiones temporales**:
  - **Este** fin de semana/mes/verano/año...
  - **Esta** mañana/tarde/semana...
  - **Estas** navidades/semanas...
  - **Estos** días/meses...
  - **Hace** un rato/un momento/diez minutos...
  - **Ya**...
  - **Todavía no**...

Siempre
Muchas veces
Algunas veces
N.º de veces
Una vez
Ninguna vez
Nunca
Jamás

PRONOMBRES DE OBJETO DIRECTO E INDIRECTO

	objeto directo	objeto indirecto
yo	**me**	**me**
tú	**te**	**te**
él/ella/usted	**lo**/**la**	**le** (**se**)
nosotros/as	**nos**	**nos**
vosotros/as	**os**	**os**
ellos/ellas/ustedes	**los**/**las**	**les** (**se**)

– *He cogido las llaves y **las** he metido en el bolso.*
– ***Le** he dicho a Javier la verdad.*

- Orden de los pronombres: objeto indirecto + objeto directo.
  ◗ *¿Dónde has dejado mi libro?* ◗ ***Te** **lo** he dejado encima de la mesa.* (*a ti* / *el libro*)
- le/les + lo, la, lo, las = **se** + lo, la, lo, las
  (El libro, a él) ➜ ~~*Le*~~ *lo he dejado encima de la mesa.* > ***Se lo** he dejado encima de la mesa.*
- Los pronombres se colocan siempre delante del verbo (***me lo** ha contado Carolina*), **excepto** con el imperativo afirmativo (*cuénta**melo***), el infinitivo (*contár**melo***) y el gerundio (*contándo**melo***).

UNIDAD 2

VOLVER A + INFINITIVO

- Para expresar la repetición de una acción se usa ***volver a*** + ***infinitivo***:
  – *Cristóbal Colón viajó a América en 1492 y **volvió a viajar** allí varias veces más.*
  – *Después de tres años, este verano **he vuelto** a ir al pueblo de mis abuelos.*
  – *El próximo curso **vuelvo a estudiar** francés en el instituto.*

PRETÉRITO INDEFINIDO

- **Verbos regulares**

	viajar	**volver**	**salir**
yo	viaj**é**	volv**í**	sal**í**
tú	viaj**aste**	volv**iste**	sal**iste**
él/ella/usted	viaj**ó**	volv**ió**	sal**ió**
nosotros/as	viaj**amos**	volv**imos**	sal**imos**
vosotros/as	viaj**asteis**	volv**isteis**	sal**isteis**
ellos/ellas/ustedes	viaj**aron**	volv**ieron**	sal**ieron**

- **Verbos irregulares en la 3.ª persona**

(e ➜ i)	(o ➜ u)	(i ➜ y)
pedir	**dormir**	**construir**
pedí	dormí	construí
pediste	dormiste	construiste
p**i**dió	d**u**rmió	constru**y**ó
pedimos	dormimos	construimos
pedisteis	dormisteis	construisteis
p**i**dieron	d**u**rmieron	constru**y**eron

EXPANSIÓN GRAMATICAL

- Otros verbos con esta irregularidad:
  - **e ➜ i**:
    – **divertirse**: *divirtió, divirtieron*
    – **mentir**: *mintió, mintieron*
    – **sentir**: *sintió, sintieron*
    – **pedir**: *pidió, pidieron*
    – **medir**: *midió, midieron*
    – **reír**: *rio, rieron*
    – **despedir**: *despidió, despidieron*
    – **elegir**: *eligió, eligieron*
    – **impedir**: *impidió, impidieron*
    – **repetir**: *repitió, repitieron*
    – **seguir**: *siguió, siguieron*
  - **o ➜ u**:
    – **morir**: *murió, murieron*
  - **i ➜ y**:
    – **construir**: *construyó, construyeron*
    – **oír**: *oyó, oyeron*
    – **creer**: *creyó, creyeron*
    – **caer**: *cayó, cayeron*
    – **sustituir**: *sustituyó, sustituyeron*
    – **leer**: *leyó, leyeron*

- **Verbos completamente irregulares**

	ser/ir	**dar**
yo	fui	di
tú	fuiste	diste
él/ella/usted	fue	dio
nosotros/as	fuimos	dimos
vosotros/as	fuisteis	disteis
ellos/ellas/ustedes	fueron	dieron

- **Verbos irregulares en la raíz**

estar → estuv-	**saber** → sup-	-e
andar → anduv-	**caber** → cup-	-iste
tener → tuv-	**venir** → vin-	-o
haber → hub-	**querer** → quis-	-imos
poder → pud-	**hacer** → hic-	-isteis
poner → pus-	**decir** → dij-	-ieron

! ■ hacer, él → hi**zo** ■ decir, ellos → dij**eron**

MARCADORES TEMPORALES DEL PRETÉRITO INDEFINIDO

- Para **relacionar** dos acciones en el pasado:
  - *Antes de + llegar/salir/empezar...*
  - *Años/días/meses + más tarde...*
  - *A los dos meses/a las tres semanas...*
  - *Al cabo de + un mes/dos años...*
  - *Al año/a la mañana + siguiente...*
  - *Un día/mes/año + después...*
    - *– **Antes de salir** de casa, cogí las llaves.*
    - *– Empecé a leer un libro y **al cabo de dos horas** lo terminé.*

- Para indicar el **inicio** de una acción:
  - *Desde el lunes/1980/marzo...*
    - *– **Desde** marzo estudio español.*

- Para indicar la **duración** de una acción:
  - *De... a*
  - *Desde... hasta*
    - *– Estuve estudiando español **desde** las cinco **hasta** las ocho.*
  - *Durante*
    - *– Estuve estudiando español **durante** tres horas.*

- Para indicar el **final** de una acción:
  - *Hasta (que)*
    - *– Estudié español **hasta que** cumplí dieciocho años y viajé a España.*

UNIDAD 3

PRONOMBRES INDEFINIDOS

- Personas
  - **alguien / nadie**

    ◗ *¿**Alguien** ha visto mi libro?*
    ◗ *No, **nadie**.*

- Cosas
  - **algo / nada**

    ◗ *¿Quieres **algo** de comer?*
    ◗ *No quiero **nada**, gracias.*

- Personas y cosas
  - **alguno/a/os/as / ninguno/a**

    ◗ *¿Algún chico es de Francia?*
    ◗ ***Ninguno**.*
    ◗ ***Algunos** de mis amigos hablan francés.*

ADJETIVOS INDEFINIDOS

- Personas y cosas
  - **algún/a/os/as / ningún/a/os/as**
    - *– No hay **ningún** chico de Francia.*
    - *– Tengo **algunos** libros que te van a gustar.*

  Recuerda: Normalmente no usamos *ningunos/ningunas*.

CONTRASTE PRETÉRITO PERFECTO E INDEFINIDO

- El **pretérito perfecto** se usa para hablar de:
  - acciones terminadas ocurridas en un periodo de tiempo todavía **no terminado.**
    - *– **Este año** he viajado mucho.*
    - *– **Esta mañana** he desayunado.*
  - acciones terminadas que tienen **relación con el presente**:
    - *– No puedo entrar porque he perdido la llave.*
  - acciones ocurridas en un **pasado no específico**:
    - *– Yo ya he visitado tres teatros romanos.*

- **Expresiones temporales** que se usan con el **pretérito perfecto**:
  - *– Esta tarde/mañana/semana/primavera...*
  - *– Este fin de semana/año/invierno...*
  - *– Ya/Todavía no/Nunca...*
  - *– Hace un rato/cinco minutos...*
  - *– Hoy...*

- El **pretérito indefinido** se usa para hablar de:
  - acciones terminadas ocurridas en un periodo de tiempo **acabado**:
    – ***Ayer*** *vimos una peli muy buena.*
    – ***El otro día*** *no fui a clase.*
  - acciones que no tienen **relación con el presente**:
    – ***En marzo*** *viajé a Bélgica.*

- **Expresiones temporales** que se usan con el **pretérito indefinido**:
  – *La semana/primavera... pasada.*
  – *El fin de semana/año/mes... pasado.*
  – *Hace tres días/dos años...*
  – *Ayer/Anteayer/El otro día...*
  – *En verano/otoño/1980...*

CONTRASTE PRETÉRITO INDEFINIDO, IMPERFECTO Y PERFECTO

Pretérito indefinido

- Se usa para hablar de acciones terminadas en un momento del pasado sin **relación** con el presente:
  – *Ayer* ***fui*** *en bici a clase.*
  – *El año pasado* ***fui*** *de vacaciones a Menorca.*

Pretérito imperfecto

- Se usa para **describir** en el pasado, para hablar de acciones durativas y **habituales** en el pasado:
  – *Aquel día* ***llovía*** *mucho.*
  – *Antes yo siempre* ***iba*** *a Mallorca de vacaciones.*

Pretérito perfecto

- Se usa para hablar de acciones en un **pasado reciente** o que **tienen relación** con el presente:
  – *Últimamente* ***he tenido*** *que estudiar mucho.*
  – *Este año* ***he ido*** *a Ibiza.*

SOLER + INFINITIVO

- ***Soler*** + **infinitivo** se usa para hablar de acciones habituales:
  – *Yo* ***suelo*** *ir en autobús al instituto, pero a veces, cuando hace calor, voy en bici.* (Presente)
  – *Antes* ***solía*** comer en el instituo, pero ahora como en casa de mis abuelos. (Pasado)

FUTURO IMPERFECTO

- **Verbos regulares**

	estudiar	**comer**	**vivir**
yo	estudiar**é**	comer**é**	vivir**é**
tú	estudiar**ás**	comer**ás**	vivir**ás**
él/ella/usted	estudiar**á**	comer**á**	vivir**á**
nosotros/as	estudiar**emos**	comer**emos**	vivir**emos**
vosotros/as	estudiar**éis**	comer**éis**	vivir**éis**
ellos/ellas/ustedes	estudiar**án**	comer**án**	vivir**án**

- **Verbos irregulares**

tener → ten**dr**-	caber → ca**br**-	**- é**
poder → po**dr**-	haber → ha**br**-	**- ás**
poner → pon**dr**-	saber → sa**br**-	**- á**
venir → ven**dr**-	hacer → **har**-	**- emos**
salir → sal**dr**-	decir → **dir**-	**- éis**
valer → val**dr**-	querer → **querr**-	**- án**

- El futuro puede ir acompañado de las siguientes **expresiones temporales**:
  – ***El año/mes*** / – ***La semana/primavera***] ***que viene*** *iré a España.*
  – **Dentro de dos años/un rato/unos días** *vendrá a casa.*
  – ***Mañana*** *tendré un examen.*
  – ***El/la próximo/a semana/mes/año*** *tendré 17 años.*
  – ***Pasado mañana*** *sabremos las notas.*

SI + PRESENTE + FUTURO

Si +	**presente** +	**futuro**
Si	*no llueve,*	*iremos a la playa.*

IMPERATIVO AFIRMATIVO

■ **Verbos regulares**

	comprar	**comer**	**subir**
tú	compr**a**	com**e**	sub**e**
vosotros/as	compr**ad**	com**ed**	sub**id**
usted	compr**e**	com**a**	sub**a**
ustedes	compr**en**	com**an**	sub**an**

■ **Verbos irregulares**

decir	**hacer**	**poner**	**tener**
di	**haz**	**pon**	**ten**
dec**id**	hac**ed**	pon**ed**	ten**ed**
diga	**haga**	**ponga**	**tenga**
digan	**hagan**	**pongan**	**tengan**

■ **Imperativo afirmativo + pronombres**

Los pronombres objeto directo, indirecto y reflexivos se posponen al imperativo, formando una sola palabra:

– *Pon el queso en la nevera.* ➡ ***Ponlo.***
– *Dime el secreto.* ➡ ***Dímelo.***

EXPANSIÓN GRAMATICAL

■ **Otros verbos irregulares**

	venir	**ir**	**ser**	**salir**
tú	**ven**	**ve**	**sé**	**sal**
vosotros/as	venid	id	sed	salid
usted	**venga**	**vaya**	**sea**	**salga**
ustedes	**vengan**	**vayan**	**sean**	**salgan**

EXPANSIÓN GRAMATICAL

■ Los verbos con **cambio vocálico** en el presente de indicativo mantienen también esta irregularidad en el imperativo.

	(e ➡ ie) **cerrar**	(o ➡ ue) **dormir**	(u ➡ ue) **jugar**	(e ➡ i) **pedir**	(i ➡ y) **construir**
tú	ci**e**rra	du**e**rmas	ju**e**ga	p**i**de	constru**ye**
vosotros/as	cerrad	durmáis	jugad	pedid	construid
usted	ci**e**rre	du**e**rma	ju**e**gue	p**i**da	constru**y**a
ustedes	ci**e**rren	du**e**rman	ju**e**guen	p**i**dan	constru**y**an

2 **Completa la tabla con las formas adecuadas del imperativo afirmativo.**

	ser	**venir**	**ir**	**pedir**	**cerrar**	**dormir**
tú		*ven*				
vosotros/as						
usted						
ustedes						

3 **Completa las frases conjugando los verbos entre paréntesis en imperativo afirmativo.**

a (Ponerse, tú) .... los pendientes rojos.
b (Ir, usted) .... a la oficina mañana.
c (Venir, ustedes) .... conmigo.
d (Cerrar, tú) .... las ventanas.
e (Estar, ustedes) .... callados.
f (Volver, usted) .... más tarde.

4 **Convierte las frases en imperativo afirmativo y sustituye las palabras por su pronombre correspondiente, en caso necesario.**

a Ser buenos en el instituto. (vosotros) ➡ ....
b Venir de clase pronto. (tú) ➡ ....
c Dormir con la ventana cerrada. (usted) ➡ ....
d Pedir a tu hermano sus juguetes. (tú) ➡ ....

IMPERATIVO NEGATIVO

- **Verbos regulares**

	comprar	**comer**	**subir**
tú	no compr**es**	no com**as**	no sub**as**
vosotros/as	no compr**éis**	no com**áis**	no sub**áis**
usted	no compr**e**	no com**a**	no sub**a**
ustedes	no compr**en**	no com**an**	no sub**an**

- **Verbos irregulares**

decir	**hacer**	**poner**	**tener**
no **digas**	no **hagas**	no **pongas**	no **tengas**
no **digáis**	no **hagáis**	no **pongáis**	no **tengáis**
no **diga**	no **haga**	no **ponga**	no **tenga**
no **digan**	no **hagan**	no **pongan**	no **tengan**

- **Imperativo negativo + pronombres**

Los pronombres objeto directo, indirecto y reflexivos se colocan delante del imperativo, separados:

– *No **lo** pongas en la estantería.*

– *No **se lo** digas a nadie.*

- **Otros verbos irregulares**

	venir	**ir**	**ser**	**salir**
tú	no **vengas**	no **vayas**	no **seas**	no **salgas**
vosotros/as	no **vengáis**	no **vayáis**	no **seáis**	no **salgáis**
usted	no **venga**	no **vaya**	no **sea**	no **salga**
ustedes	no **vengan**	no **vayan**	no **sean**	no **salgan**

- Los verbos con **cambio vocálico** en el presente de indicativo mantienen también esta irregularidad en el imperativo.

	(e ➔ ie) **cerrar**	(o ➔ ue) **dormir**	(u ➔ ue) **jugar**	(e ➔ i) **pedir**	(i ➔ y) **construir**
tú	no c**ie**rres	no d**ue**rmas	no j**ue**ges	no p**i**das	no constru**y**as
vosotros/as	no cerréis	no d**u**rmáis	no juguéis	no p**i**dáis	no constru**y**áis
usted	no c**ie**rre	no d**ue**rma	no j**ue**gue	no p**i**da	no constru**y**a
ustedes	no c**ie**rren	no d**ue**rman	no j**ue**guen	no p**i**dan	no constru**y**an

EXPANSIÓN GRAMATICAL

5 Completa la tabla con las formas adecuadas del imperativo afirmativo.

	ser	**venir**	**ir**	**pedir**	**cerrar**	**dormir**
tú	no seas					
vosotros/as						
usted						
ustedes						

6 Completa las frases conjugando los verbos entre paréntesis en imperativo negativo.

a (Ponerse, tú) .... los pendientes de tu madre.

b (Ir, usted) .... a la oficina mañana.

c (Volver, ustedes) .... demasiado tarde.

d (Salir, usted) .... ahora: es peligroso.

e (Cerrar, tú) .... las ventanas.

f (Estar, ustedes) .... callados.

7 Escribe una frase en imperativo afirmativo y otra en imperativo negativo.

a Ponerse los pendientes. (tú) ➔ ....

b Ir a la oficina mañana. (usted) ➔ ....

c Venir conmigo. (vosotros) ➔ ....

d Estar callados. (ustedes) ➔ ....

PRETÉRITO IMPERFECTO

Verbos regulares

1.ª conjugación **-ar**	2.ª conjugación **-er**	3.ª conjugación **-ir**
CANTAR	**COMER**	**VIVIR**
cant**aba**	com**ía**	viv**ía**
cant**abas**	com**ías**	viv**ías**
cant**aba**	com**ía**	viv**ía**
cant**ábamos**	com**íamos**	viv**íamos**
cant**abais**	com**íais**	viv**íais**
cant**aban**	com**ían**	viv**ían**

Verbos irregulares

SER	IR	VER
era	**iba**	**veía**
eras	**ibas**	**veías**
era	**iba**	**veía**
éramos	**íbamos**	**veíamos**
erais	**ibais**	**veíais**
eran	**iban**	**veían**

IMPERATIVO AFIRMATIVO

Verbos regulares

1.ª conjugación **-ar**	2.ª conjugación **-er**	3.ª conjugación **-ir**
CANTAR	**COMER**	**VIVIR**
cant**a**	com**e**	viv**e**
cant**e**	com**a**	viv**a**
cant**ad**	com**ed**	viv**id**
cant**en**	com**an**	viv**an**

Verbos irregulares

CAER	COGER	CONDURCIR	CONOCER	CONSTRUIR
cae	co**ge**	conduce	conoce	constru**y**e
caiga	coja	condu**zc**a	cono**zc**a	constru**y**a
caed	coged	conducid	conoced	construid
caigan	cojan	condu**zc**an	cono**zc**an	constru**y**an

CONTAD	DECIR	DORMIR	ELEGIR	EMPEZAR
c**ue**nta	**di**	d**ue**rme	el**i**ge	emp**ie**za
c**ue**nte	**diga**	d**ue**rma	el**ij**a	emp**iec**e
contad	decid	dormid	elegid	empezad
c**ue**nten	**digan**	d**ue**rman	el**ij**an	emp**iec**en

HACER	HUIR	IR	JUGAR	OIR
haz	hu**y**e	**ve**	j**ue**ga	**oye**
haga	hu**y**a	**vaya**	j**ue**g**u**e	**oiga**
haced	huid	id	jugad	oíd
hagan	hu**y**an	**vayan**	j**uegu**en	**oigan**

PEDIR	**PENSAR**	**PONER**	**SABER**	**SALIR**
p**i**de	p**ie**nsa	**pon**	sabe	**sal**
p**i**da	p**ie**nse	**ponga**	**sepa**	**salga**
pedid	pensad	poned	sabed	salid
p**i**dan	p**ie**nsen	**pongan**	**sepan**	**salgan**

SER	**TENER**	**VENIR**	**VESTIR**	**VOLVER**
sé	**ten**	**ven**	v**i**ste	v**ue**lve
sea	**tenga**	**venga**	v**i**sta	v**ue**lva
sed	tened	venid	vestid	volved
sean	**tengan**	**vengan**	v**i**stan	v**ue**lvan

FUTURO IMPERFECTO

Verbos regulares

1.ª conjugación **–ar**	2.ª conjugación **–er**	3.ª conjugación **–ir**
CANTAR	**COMER**	**VIVIR**
cantar**é**	comer**é**	vivir**é**
cantar**ás**	comer**ás**	vivir**ás**
cantar**á**	comer**á**	vivir**á**
cantar**emos**	comer**emos**	vivir**emos**
cantar**éis**	comer**éis**	vivir**éis**
cantar**án**	comer**án**	vivir**án**

Verbos irregulares

CABER	**DECIR**	**HABER**	**HACER**
cabré	**diré**	**habré**	**haré**
cabrás	**dirás**	**habrás**	**harás**
cabrá	**dirá**	**habrá**	**hará**
cabremos	**diremos**	**habremos**	**haremos**
cabréis	**diréis**	**habréis**	**haréis**
cabrán	**dirán**	**habrán**	**harán**

PODER	**PONER**	**QUERER**	**SABER**
podré	**pondré**	**querré**	**sabré**
podrás	**pondrás**	**querrás**	**sabrás**
podrá	**pondrá**	**querrá**	**sabrá**
podremos	**pondremos**	**querremos**	**sabremos**
podréis	**pondréis**	**querréis**	**sabréis**
podrán	**pondrán**	**querrán**	**sabrán**

SALIR	**TENER**	**VALER**	**VENIR**
saldré	**tendré**	**valdré**	**vendré**
saldrás	**tendrás**	**valdrás**	**vendrás**
saldrá	**tendrá**	**valdrá**	**vendrá**
saldremos	**tendremos**	**valdremos**	**vendremos**
saldréis	**tendréis**	**valdréis**	**vendréis**
saldrán	**tendrán**	**valdrán**	**vendrán**

ESPAÑOL	EN TU LENGUA
A	
aburridísimo/a (1)	
aburrirse (0) (4) (5)	
aceptar (4) (6)	
acordarse de (o > ue) (2) (4)	
las actividades solidarias (3)	
agradecer (6)	
al año/a la mañana + siguiente... (2)	
al cabo de + un mes/dos años... (2)	
el/la alcalde/esa (5)	
alguna vez (1) (3)	
el alojamiento (1)	
la amistad (1)	
la anécdota (3) (4)	
antes de + llegar/salir/empezar... (2)	
años/días/meses + más tarde... (2)	
el apodo (2) (4)	
aprobar (1) (5)	
apuntarse (6)	
árabe (2)	
el ascensor (5)	
la aspiradora (6)	
el autor (2) (4)	
el avión (0) (2)	
B	
el balón (6)	
bañarse (0)	
barrer (6)	
el barrio (2)	
la basura (5) (6)	
el billete (0) (2)	
botar (6)	
C	
caber (2) (5)	
caer (i > y) (2) (4)	
caerse (i > y) (4)	
la cama doble (1)	
la cama individual (1)	
el campamento de verano (1) (3)	
el calentamiento global (5)	
la campaña (5)	
el campo (6)	
la cancha (6)	
el/la candidato/a (5)	
casar(se) (2) (4)	
castigar (5) (6)	
celebrar (1)	
chutar (6)	
el/la cliente (6)	
colaborar (3)	
colocar (3) (6)	
los combustibles fósiles (5)	
¿Cómo/Qué tal te ha ido? (1)	
¿Cómo/Qué tal te lo has pasado? (1)	
conceder (6)	
conocer(se) (0) (2)	
conquistar (2)	
conseguir (2) (3)	
construir (i > y) (0) (2)	
consumir (5)	
la contaminación (5)	

ESPAÑOL	EN TU LENGUA
contar (1) (0)	
convertirse (e > ie) (4)	
la cortesía (6)	
Creo que... (5)	
¡Cuánto lo siento! (4)	
Cuenta, cuenta... (3)	
Cuentan que... (3)	
el cuento (4)	
D	
dar igual (5)	
dar permiso (6)	
de... a (2)	
decepcionado/a (6)	
decepcionar (6)	
decidir (0)	
la deforestación (5)	
dejar de (4)	
de miedo (1)	
denegar (6)	
¡De ninguna manera! (6)	
dentro de un rato (5)	
dentro de... (periodo de tiempo) (5)	
dejar (1) (2)	
desayunar (1)	
la descendencia (2)	
descubrir (2) (6)	
el deshielo (5)	
¿De verdad? (3)	
desde el lunes/2010/marzo (2)	
desde... hasta (2)	
destruir (2)	
Dicen que... (3)	
dirigir (5)	
diseñar (5)	
divertidísimo/a (1)	
divertirse (0) (1)	
dormir(se) (0) (2)	
dos veces (3)	
durante (2)	
E	
el efecto invernadero (5)	
el ejército (2)	
las elecciones (5)	
elegir (1)	
eliminar (5)	
empezar a (2)	
enamorarse (2) (3)	
encontrar (0)	
el/la enemigo/a (2)	
la energía renovable (5)	
ensuciar (6)	
entrar (2)	
la época (1)	
escalar (3)	
el escenario (4)	
el esfuerzo (6)	
los espectadores (4)	
estar en forma (5)	
el estilo (6)	
estricto/a (6)	
estupendamente (1)	
estupendo/a (1)	
explorar (2)	
el extranjero (1) (6)	

* (n.º) indica la unidad en la que aparece.

ESPAÑOL	EN TU LENGUA
F	
la fábula (4)	
la falta (6)	
fatal (1) (6)	
firmar (4)	
flotar (6)	
G	
ganar (0) (2)	
ganar la batalla/guerra (2)	
genial (0) (1)	
gobernar (2)	
golpear (6)	
graduarse (2)	
el grupo (1) (4)	
H	
Ha sido sin querer. (4)	
hacer deporte (3) (6)	
hacer la cama (6)	
hacer la comida (6)	
hacer *puenting* (1) (5)	
hacer senderismo (0) (1)	
hacer submarinismo (3)	
hacer surf (0) (1)	
hasta (que)... (2)	
la herencia (2)	
el hotel (1)	
I	
la inscripción (6)	
intentar (2) (3)	
inmenso/a (5)	
el intercambio (2)	
la interpretación (3) (6)	
invadir (2)	
inventar (1)	
ir al cine (0) (1)	
ir a museos (6)	
ir de *camping* (1)	
ir de compras (1)	
J	
jubilarse (2) (3)	
judío/a (2)	
los juegos de mesa (3)	
jugar al ajedrez (1)	
jugar a los videojuegos (1) (3)	
L	
lanzar (4) (6)	
lavar los platos (6)	
leer (0)	
levantarse (3)	
la leyenda (4)	
limpiar (6)	
la llave (1)	
llorar (6)	
Lo haré sin falta. (5)	
Lo siento (mucho/muchísimo /de verdad). (4)	
lograr (3)	
luchar (2) (3)	
M	
la maleta (0) (4)	
malgastar (5)	

ESPAÑOL	EN TU LENGUA
mandar (1) (2)	
marcar un gol (6)	
más o menos (1) (3)	
la media pensión (1)	
Me imagino que... (5)	
mentir (2) (5)	
el mes que viene (5)	
mezclar (2) (6)	
la montaña (1)	
la moraleja (4)	
morir (o > ue, o > u) (2)	
musulmán/musulmana (2) (4)	
N	
nacer (2) (3)	
Ni fu ni fa. (1)	
¡Ni hablar! (6)	
No, (lo siento) es que... (6)	
No lo voy a volver a hacer más. (4)	
¡No me digas! (3)	
No te preocupes. (4)	
No tiene importancia. (4)	
No va a volver a pasar. (4)	
la noticia (4)	
la novela (0) (4)	
O	
la obra de teatro (6)	
ofrecer (6)	
el olor (5)	
olvidarse de (6)	
ONG (Organización No Gubernamental) (3)	
ordenar (0) (1)	
orgulloso/a (2)	
P	
el paisaje (5)	
parecerse a (2) (3)	
la pareja (1)	
el partido político (5)	
pasado mañana (5)	
la pensión completa (1)	
Perdón. (2) (4)	
pero (4) (5)	
el pase (6)	
pasear (1) (5)	
pedir (4) (6)	
Perdone/Perdona, ¿para...? (4) (6)	
planchar (6)	
el poema (4) (6)	
el polvo (6)	
poner la lavadora (6)	
poner la mesa (6)	
¿Por qué no...? (6)	
la portería (6)	
el/la portero/a (6)	
el premio (5)	
el/la presidente/a (5)	
el programa (5)	
prometer (4) (5)	
¡Prometido! (5)	
el público (4)	
¿Puedes/Podrías decirme cómo...? (4) (6)	
¿Puedo/Podría...? (6)	

ESPAÑOL	EN TU LENGUA
Q	
¡Qué apuro! (4)	
¡Qué curioso! (3)	
quedarse (5)	
quejarse (6)	
¡Qué vergüenza! (4)	
¿Quieres...? (6)	
quitar(se) (0)	
R	
la raqueta (6)	
rebotar (6)	
rechazar (6)	
el/la recepcionista (1)	
reciclar (5)	
recoger la basura (6)	
el recuerdo (1)	
los recursos naturales (5)	
la red (6)	
las redes sociales (3)	
reducir (5)	
la reforma (5)	
regresar (2)	
regular (1)	
la rehabilitación de casas (3)	
reinar (2)	
reírse (1)	
relajarse (1)	
el relato (4)	
la reserva (1)	
reutilizar (5)	
la rima (4)	
romper (1) (4)	
S	
las sábanas (6)	
¿Sabes...? (2) (3)	
¿Sabes cómo...? (6)	
¿Sabías que...? (3)	
salir con amigos (3)	
la sequía (5)	
sentir (6)	
el/la soldado (2)	
soler (o > ue) (4)	
sonreír (6)	
superbién (1)	
Supongo que... (5)	

ESPAÑOL	EN TU LENGUA
T	
tapar (6)	
la tarjeta de crédito (1)	
Te doy mi palabra. (5)	
¿Te/Le importa si...? (6)	
Te juro que... (2) (5)	
Te perdono. (4)	
Te prometo que... (5)	
el tema (4)	
la temporada alta (1)	
la temporada baja (1)	
tender la ropa (6)	
Tendrías que/Deberías... (6)	
tener (0)	
tirar (1)	
tirar la basura (6)	
tocar un instrumento (3)	
todavía no (0) (1)	
tomar el sol (0)	
Tranquilo, no pasa nada. (4)	
el transporte ecológico (5)	
U	
últimamente (6)	
un desastre (1)	
un día/mes/año + después... (2)	
una vez (1)	
V	
valer (5)	
vencer (2)	
ver la televisión (3)	
el vertedero (5)	
vestirse (0)	
el vientre (6)	
volver (0) (2)	
el voto (5)	
Y	
ya (1)	
¡Yo qué sé! (4)	